진정한 사랑 앞엔 눈을 뜰 수 없기에

하영갑 시·산문집

교음사

나는 겨울을 참 싫어한다. 태어나서 제일 먼저 느낀 계절은 추운 겨울(음력 섣달 초아흐레)이었다.

나머지 계절은 모두 봄인 줄 알았다.

네 살 때 교량 없는 영천강을 화물차로 건너 아버지에게 시집오시는 예쁜 엄마를 마중했기 때문에, 아침 서리와 이슬은 헝클어진 어린 마음을 맑게 만들었고 마구간에 매인 소는 아침저녁 친구였다.

산비탈 고구마 밭 목화밭은 하루를 지우는 놀이터였고 부엌 문 위 서까래에 달린 보리쌀 대바구니는 고픈 배 채워주는 곳간이기도 했다.

주지(主枝) 잃은 나뭇가지 가지마다 붙은 잎 새 닥치는 바람결이 낮 밤을 울렸다.

젊은 어머니의 병세 악화로 제대 일 년 넘게 남은 빡빡머리로 결혼하게 되었으며 그럼에도 불구하고 갖가지 난고(難苦)를 이겨내며 남편 없는 시집살이를 해 준 아내에게 고마움을 전한다.

공부를 왜 해야 되는지를 몰랐던 어린 시절 네 어머니와 엮인 연(緣)을 슬기롭게 이끌기 위한 아버지의 노력에 안타까운 마음을 숨길 수 없어 무작정 상경의 기회도 가졌지만 부모님으로부터 회유당하고 만 쓴 추억도 있었다.

비 오는 날이나 혹한의 겨울이 닥치면 찾아드는 시(詩) 반기지 못해 비켜가는 괴로움을 겪기도 했으며, 봄이면 일만 여 평의 양묘장에 씨앗을 뿌렸고 여름에는 멍개잎, 떡갈잎 채취에 시·군 경계를 넘나들고 가을에는 겨울이 오도록 잡초 종자채취와 정선에 바깥세상 모르고 젊었던 심신을 눈 감기고 살았다.

칠년의 병고 끝에 말 못하고 떠나신 아버지! 약속하기도 했지만 마흔 중반에 새로운 학업을 진행할 수 있어 스스로 위로하며 대학 강단에 서게 되었다.

희망과 꿈을 찾아 헤매던 젊은 청소년에게 용기와 길을 안내했고 몇 번을 돌려보낸 시(詩)를 반가이 맞을 수 있어 좋았다. 그들은 내가 사경을 헤매던 병실의 모란이 되었고 깊은 사랑에 눈을 뜰 수 없게 만들었다.

예순 네 살 할아버지가 된 나, 지금이라도 시와 산문집을 엮어 내게 됨을 감사하게 생각한다.

아내 덕분으로 천연염색과 천연염료를 개발하며 살아가는 지금의 내가 즐거울 뿐 아니라 빈 마음을 찾게 해 준 시(詩)에게 덧없는 고마움을 표한다.

나는 아버지가 낳은 열 두 남매 중 아직도 이렇게 고향에서 어수룩하게 살고 있다. 지난 세월을 추억하고 정적을 깬 기억의 소리를 글 쓰게 한 모든 분들에게 크게 감사 합니다.

2017년 여름. 저자 **하 영 갑**

가인 하영갑 박사는 '환삼덩굴'이라는 덩굴 풀로 천연염료를 연구 개발하여 과수부산물과 함께 직물에 천연염색을 했다. 그 로 이학박사 학위를 취득했다. 환삼덩굴이란 농촌 전답은 물론 농작물까지 침범하여 덮고 사는 흔한 풀로서 존재해서는 안 될 악독한 잡초다. 그가 시·산문집을 냈다. '환삼덩굴'을 대변하는 가인의 시·산문집이다. 교수나 박사의 칭호와는 거리가 먼 들풀의 자리에서 풀과 함께 살아온 하박사의 육혈시집이다.

"현규, 연순, 영갑, 기봉, 경조, 수덕, 도원, 특순, 봉자, 상협, 소양, 선우" 열 두 사람의 형제남매가 이래저래 등지고 간 고향산천을 혼자서 묵묵히 지켜온 그는 아버지 하효식, 어머니 이숙향을 생사 간에 모셔온 부모님의 시봉자, 형제간의 방패막이, 남매간의 정자(亭子), 제사성묘의 제주, 홍길사의 관리자에 이어, 고향과 타향을 오가는 연고자들의 영접과 전송 등을 헌신과 희생으로 도맡아온 고향의 수호자였다.

오죽하면 가문수호(家門守護)에 자신을 바친 주인공이라 하여 그를 가인(家人)이라 칭했겠으며, 부인 강재림 여사 역시 진주인(晉州人)들의 가정보호 및 생활개선과 향상을 위해 젊음을 바치고 있다하여 정인(庭人)이라 했겠는가. 가인(家人)과 정인(庭人)은 한국인이 본받아야 할 가정인(家庭人)

의 사표(師表)이다.

놀랍게도 두 내외분의 생활주제는 '풀(草)'이다. 옷도 풀 결을 물들여 입고, 밥도 풀잎을 요리해서 먹으며, 사는 집의 이름도 그 간판은 '풀결' 이다. 특허도 '풀결'이다. 오가는 이들도 모두 '풀의 숨결'을 배우고자 다녀간다. 하영갑 시인은 그의 안팎이 온통 숲이자 풀이며, 쉬는 숨소리조차도 풀결이다. 자연과 인간의 결합은 그의 꿈이다.

조국이 조상(祖上) 민족(民族) 강토(疆土)의 조국(祖國)으로 되어 있듯, 가정도 가통(家統) 가족(家族) 가사(家事)의 가정(家庭)으로 성립된다. 가인 정인의 가정은 자연과 인간이 풀결에서 만나 웃음꽃을 피우는 현장이다. 두 내외분은 이제 슬하에 아드님 '사웅, 경웅' 내외 및 손자 하일민, 손녀 하늘별을 둔 한국가정의 수장이다.

하 박사의 시(詩)와 산문은 이러한 자연속의 고향과 향토, 세상속의 향민과 시민을 품어 안으며 그 속에서 전통가정을 수호 육성시키고 있는 인간역사의 증언들로 채워졌다. 영고성쇠(榮枯盛衰)보다 더한 생사성패(生死成敗)의 체험시(體驗詩)가 우리에게 다가왔다. 학계에서도 하영갑 박사의 시와 산문을 열독, 그의 자아와 극기 및 전승(傳承)의 세월을 후학에게 전했으면 한다.

2017. 7. 15

서울대학교 명예교수 / 지구촌회의 의장 / 음성학박사 **이 현 복**

□ 차 례

1부 가족, 고향

2부 아이야!

3부 편 한대로 살면

4부 네 길이 내 길이고 우리 길인데

1

가족, 고향

칠석의 징소리 / 귀한 자식 제 갈 길 가게 둬라 / 아버지 / 에미야 /
연(緣) / 복사꽃 / 개똥망태 / 개야! / 시사(時祀) / 중신애비 / 허욕 /
밀낫 / 겨울이야기 / 겨울 / 겨울손님 / 바람의 노래 / 나그네 / 땔감 / 솜이불 /
단풍 / 똬리 / 막걸리 / 가래질 / 가래질(詩) / 잔디 씨 / 지우개 / 쑥씨 /

칠석의 징소리

견우의 외침이 귓전을 울릴 쯤
직녀의 치마폭은 은하수를 날리고
짙푸른 밤하늘에 울려 솟는 천둥소리
회령산 강성대에 휘몰아 꽂힌다.

명 성지 청수 날라 약수 물 떠 바치고
햇살 맞은 가지 꺾어 약 다리는 샌님들아
억겁을 훑어 내린 셀 수 없는 죄들을
뉘가 알아 낱낱이 사할 수 있으랴.

망겜뜰 참기운에 강림하신 계옴님!
절절이 비는 마음 하늘에 올리시고
가슴 가슴 토해내는 서글픈 한 들
칠석의 징소리에 딸려 보내 주소서.

귀한 자식
제 갈 길 가게 둬라

아침에 몇 번씩 거실을 왔다 갔다 하며 방안의 기동을 살피는 부모였다면 그만 둬라. 그놈이 정상적으로 태어난 아이라면 제 길로 가게 되어 있기 마련이다. 지금 그는 가족의 정(情)과 자신에 대한 진정한 관심은 외면한 채 학업에만 몰두하기를 바라는 어리석은 부모를 조롱하고 있다. 또한 이런 환경에 자신이 가족과 소통도 통합도 하지 못한 채 존재한다는 엄청난 고민 속에 헤매다가 아침을 보르고 자는 것이다.

삶에 쪼들리고 생활에 불편함을 못 견뎌 하는 맞벌이가 부모자녀간의 정은 물론 관심마저 메마르게 하고 있다. 부모 자식 모두가 아직 잠자고 있는 셈이다. 냉정하게 생각해 보자. 과연 자녀와 소통하는 시간이 하루 몇 시간이나 되는지? 아침밥이 없어지고 퇴근시간이 일정치 않은 환경 속에서 부모가 자식을 알고 자식이 부모를 아는 시간이 얼마나 되는지?

그리고 해야 할 일들이 얼마나 급속도로 변하고 있는지?

업고, 안고, 걸리던 시대를 생각해 보라. 모자람 속에서도 아침과 저녁밥은 한 자리에서 먹었던 기억! 거기 그 자리가 소통과 통합의 자리가 아니었던가? 가르치는 부모보다 보여주는 부모가 되는 것이 참 교육일진대 부모 자신의 직업이나 생활 속에서 방황하지 말고 자녀와 함께 시간과 공간을 채워가며 놀아 줘라. 그 순간이 내 자녀가 가고 싶은 길을 찾을 수 있는 찰라가 될 것이니.

나는 어린 시절 비록 위에 두 형님이 있었지만 바로 위형님과는 일곱 살, 큰형님과는 열다섯 살, 어머니와는 열여섯 살 차이였기에 관계형성은 두고라도 눈도 제대로 마주치지 못할 정도의 부모자식지간과 같아 꿈이나 희망을 전해 받기는 무척 어려웠다. 특히, 생각이 다른 장남이 아버지가 바라는 법조인을 멀리하고 고시공부는 하지 않고 긴 머리 긴 수염으로 맨발로 전국을 돌아다녔으니 큰아들에게 건 기대는 하루아침에 무너지고 강렬했던 아버지의 희망이 없어지자 나머지 아들들은 홀대 받을 수밖에 없으며 자녀에 대한 교육열은 개울가 얼음이 되고 말았다.

비록 부모자식과 형제지간일지라도 개인의 개성은 얼마든지 다를 경우가 많다. 부모가 지향하는 바대로 자녀의 진로를 고정시킨다면 생각이 다른 자녀는 대부분 실패하고 만다. 자녀교육 방법에서 서양의 긍정적 피드백보다 오히려 동양의 부정적 피드백에 강한 동기부여를 받았던 과거 우리 아이들의 도전정신을 생각하면 안 된다. 이제 동서양의 간격도 좁아지고 깨어졌다. 가치 있는 인간이 되고 복된 삶을 누리려면 격려와 칭찬, 도전과 동참은 물론 기다림도 겸해져야 한다. 부모가 이 세상을 떠나야 성공하는 자녀들도 많기 때문이다.

이를 위해서라면 오늘도 내일도 늘 새롭게 살아가는 방법을 지도하고 알려 주어야 할 것이다. 경제적 여유가 조금이라도 생긴다면 다가오는 방학은 개인적 학력증진도 중요하지만 귀한 내 형제 자녀 사랑하는 내 자식에게 새로운 것을 보고 경험할 수 있는 기회를 듬뿍 주자.

아버지

어둠이 젖어 들면
살포시 가슴 열어 봅니다

억수같이 쏟아지는 빗줄기 틈으로
목 놓아 부릅니다

춤추는 낙엽 위로 바람이 노래하면
지그시 눈 감아 떠올립니다

몰아치는 눈보라
소리 없이 흐르는 뜨거운 눈물

따사로운 봄
뽀얗게 피는 이팝꽃을 보며
깊은 미소 짓습니다

빨간 패랭이꽃 다발 묶어

일렁이는 파도에 실려 보내옵니다

에미야!

네가 양육하고 있는 아이
네 마음대로 될 거라고
착각하지마라.

정작!
제대로 양육하는 이는
너와 늘 함께하고 있는
해와 바람, 물
그리고 시간이기에
서둘러 가르치려 들지 마라

제 눈으로 보고
제 귀로 들으며
제 마음과 몸으로
느끼는 대로 하도록 내버려 두어라

너는 단지
그들이 가다가
낭떠러지에 떨어지지 않도록
든든한 울타리만 쳐 주면 그만이다

연(緣)

걸어 걸은 걸음에
걸린 연(緣)이여
꽃 비 낙엽 눈 엮어
맺은 연(緣)이여!

세월을 긁어모아 걸어 멘 짐
둘 곳 없어 그 자리 맴 돌고 있네

걸고 걸어 건전화에 걸린 연(緣)이여!
밤새워 친 메일로 맺은 연(緣)이여!

갈고 닦아 꿰어 진 짐 전 할 데 없어
기러기 날개깃에 걸어 보내고
달빛 찬 가을 밤 귀뚜리에 전한다

복사꽃

선홍빛 볼에 새긴
님의 뜻 감겨드니
사랑 사랑 내사랑
달 질까 두려워라

개똥망태

화학비료가 없던 시절 농촌에는 사시사철 퇴비 증산 작업이 땔감 다음으로 중요한 일로 꼽혔다. 봄부터 가을까지는 야산이나 들녘에 피어나는 잡초나 덩굴들을 낫으로 베어 쌓은 후 재래식 화장실을 퍼서 풀무더기에 흩뿌려가며 띄운 후 뒤집기도 하고 또 다른 부엽 초나 여름철 보리타작이 끝나고 나면 보릿대나 밀대를 작두로 썰어 쌓고, 하천 둑에서 밀낫으로 벤 잔디와 억새풀 등을 추가해서 완전히 썩혀 퇴비로 쓴다. 당시에는 개를 풀어 놓고 야생상태로 각 농가에서 키웠기 때문에 온 동네 길가에는 강아지, 어미 개 할 것 없이 떼를 지어 돌아다녔다.

겨울이 오면 가축의 축사청소 이후에 나오는 거름 외에는 더 이상 퇴비를 장만할 풀이나 나뭇잎이 없기 때문에 추운날씨에 꽁꽁 얼어있는 개똥을 주워 퇴비로 보태는 것이 거름의 효과성을 높이는데 더없이 좋은 주성분이 되었다. 주로 아침 일찍 개똥채집에 망태를 메고 가면 아침밥을 먹기 전에 망태가득 채워오는 것이 식전 작업이었다.

개똥망태는 짚으로 엮어 만들었는데 한쪽은 막혀 있고 입구 쪽은 틔어있어 얼어있는 개똥을 아주 작은 괭이나 기역자로 굽은 나무막대기로 굴려서 넣어 담았다. 그런데, 우리 선조들의 지혜가 대단하지 않은가? 지금 같으면 당시 농촌 환경을 기억하건대 사람이 먹을 식량도 모자라는 판에 온 산이나 들판, 동네를 돌아다니면서 죽은 야생동물은 말할 것도 없고 쥐까지 잡아먹고 갖가지 먹이를 다 먹은 개의 똥이 퇴비에 들어감으로 해서 비료의 3대요소인 질소(N), 인산(P), 가리(K)를 넘어 5대요소인 칼슘(Ca), 나트륨(Na, 자연염)까지 함유할 수 있는 질 좋은 퇴비가 되는 까닭을 알 수 있지만, 당시로서는 개똥이 왜 퇴비 만드는데 좋은지를 알았을까? 하는 의아심이 생기기도 하는 대목이기도하다.

개야!

개야 제발 짖지마라
네가 찾는 그 사람
아직도 오지 않나
초저녁 밥 적게 먹어
배고파 짖고 있나

긴긴 밤 지나거든
내 아침밥 네 줄게
아침 마실 가지마라

아침마실 멀리가면
개똥망태 빌까 싶어
걱정되어 잠 못 잔다
제발하고 짖지마라

시사(時祀)

시월이면 만나는 님
가을 낙엽의 속삭임인가

태초부터 이 몸 그려 나타나게 한 선조님
모진 바람 속
부질없는 선택의 야바위 놀음판
쓰임새 없는 날 맞으러 강림하셨던가?

순수 혈손도 흐려져 가는 이즈음
가통(家統)의 수레바퀴는 삐걱거리고

세계가 한 지붕인 여기
캄캄한 흙먼지 속의 가녀린 핏줄기마저
어느 강에 흘러들지 알 수 없어
금년에도 허리 굽혀 큰 절 올려 소원 한다

중신애비

그 때
그 할머니를

"와드득 와드득 뜯고 싶다!"

허욕

밤낮과 철을 엮고
갖가지 고통 삶아 이룬 여유
맞고 보니 또 다른 욕심 있어
염체 없이 양 손 움켜 쥔 채
고뇌에 빠졌구나

밥 달라고 보챈 날이 오늘로 몇 년인고
갈 날이 문 앞인데 또 무슨 부탁인지
밥술이나 뜰 힘 있고 손 자녀가 났거든
이제 제발 무례 말고 엎드려 있거라

밀낫

오뉴월 뙤약볕 속
사악 ~ 삭! 땅 긁는 소리
버드나무 잎사귀 햇살 긁는 소리
찢고 찢어 울어대는 매미소리
삼베 등지게에 통째로 말아 진 채
이마에 맺힐 시간도 없어
그저 얼굴을 훑어 내리는 땀줄기 옆에
누워 있는 지게가 웃는다

해 달 모두 걷어 가고
소나무뿌리까지 뽑아 간 그놈들의 얼굴
진종일 밀어라
자루 긴 밀낫으로 끊임없이 밀어라
칠십 이 년을 밀어라

겨울이야기

해마다 겨울이면 농한기인 농촌에서 할 일은 땔감준비가 먼저였고 다음으로 내년 농사준비를 위한 새끼 꼬기와 가마니 짜기 멍석 짜는 것이 일상이었는데 덧붙여 체력보강을 위한 놀이가 있었다. 그것은 바로 꿩이랑 토끼를 잡아 많은 식구에 물 많이 부어 무 썰어 넣고 멸치 몇 마리 넣어 밥반찬이 아닌 보양식처럼 먹는 것이 별미였기에 빠져서는 안 될 중요한 작업 중의 작업이었다.

작업에 들어가기 전 먼저 주의사항을 집안 형님이 특별히 당부 한다.

먼저, 작업할 때는 절대로 독약을 방바닥이나 옷에 흘리지 말고, 만진 손을 입이나 코 그리고 눈에 대지 말 것.

두 번째로, 콩을 송곳으로 뚫을 때 너무 깊이 뚫어 맞구멍이 나지 않도록 할 것.

셋째, 촛농을 떨어뜨리고 나면 반드시 손으로 살짝 닦아 구멍만 막히도록 할 것.

넷째, 습기가 있거나 온도가 높은 장소에는 잠시도 두지 말 것.

다섯째, 다 만들어진 콩이나 까치밥은 즉시 한 알도 빠뜨리지 말고 현장에 설치하거나 뿌릴 것.

여섯째, 작업이 다 끝난 뒤에는 반드시 손을 철저히 씻을 것.

이렇게 엄중한 지시를 내린 후 작업에 들어가는데, 우선 가을철에 수확해 둔 메주콩 한 두 줌과 찔레나무 열매인 까치밥을 울타리 가에서 준비하고 제일 중요한 것은 독극물 한 알을 구입하는 일이다. 당시에는 철공소 사장님과 잘 아는 사이라면 쉽게 구할 수 있었고 일반 농부들이 대부분 해 왔던 총 없는 사냥놀이였던 것이다.

낮에 작은 못 끝을 망치로 납작하게 두들겨 송곳을 만든 다음 저녁이면 호롱불 밑에서 콩 한 알 한 알 속을 파낸 다음 극약을 넣고 초 땜을 하여 꿩이나 비둘기를 잡는데 이용하고, 까치밥은 빨간 열매의 씨앗을 껍질이 터지지 않도록 조심성 있게 파낸 다음 독약가루를 넣어 역시 촛땜을 하여 보리 싹이 파릇파릇 난 밭이랑에 꽂아 두면 한밤중에 토끼가 내려와 먹고 죽게 된다. 이를 추운 새벽에 나가 주워 오는 것이 겨울아침의 즐거움이었다.

보통 토끼는 한두 마리, 꿩은 많게는 네다섯 마리까지 주워 온 적이 있다. 그렇게 되면 온 가족이 흡족하게 먹을 수 있어 부족한 영양소 보충은 물론 토끼 가죽은 말려 귀마개로 만들고 꿩은 박재 하여 보고 즐길 거리로 만들 수 있으니 얼마나 좋았는지 모른다. 어떤 때는 담배연기로 꽉 찬 사랑방에 어른들과 둘러 앉아 있는 것 자체가 어린 나이에 싫어 엉뚱한 생각도 해 보기도 했다.

"이렇게 힘들고 귀찮은데 산토끼를 사로잡아 집토끼와 교배시켜 새끼 낳으면 많이 키워 잡아먹을 수 있지 않을까?" 하는 어리석은 생각도 해 본적이 있다. 하지만 지금생각하면 말도 안 된다. 설령 산토끼를 잡아 집토끼와 교배시키더라도 유전자가 서로 달라 임신은 불가능하기 때문이다.

부잣집 아니면 육 고기 먹기가 어려웠던 시절 이었지만 생각하면 위험의 극치였던 것이었다. 그런 위험한 작업을 어린 나에게 까지 가르쳤던 동네 형들의 얼토당토않은 자긍심은 배고프고 추운 겨울밤을 초 긴장감으로 뒤흔들었던 것이었다.

겨울

매몰 치는 바람
잎과 가지 사이
또 다른 주인 부른다

생사 갈린 나뭇가지
흔들리고 부러지고
미처 두꺼운 나무껍질
파고들지 못한 어린 나그네
냉기에 지쳐 짧은 명 걸어 놓고
훈풍 그려 품는다

물결 재워 빙판 된 또 다른 주인
물 밑 헬 것 조롱하고
찬 등판 날 것들에
거침없이 내어 주며
날 모르고 유희하네

냉대 받는 나그네야
된 가슴 치지마라
곧 떠날 그 주인
제 갈 길 알지 못해
산골 오두막 집
연기 따라 갈 것인즉

겨울손님

소리 없이 내려앉은
산골 겨울손님

구들목에 앉혀놓고
복수초 안부하니

살며시 몸 비틀어
연기되어 오르네

바람의 노래

견딜 수 없이 보고팠던 님
햇살 타고 드는 샛바람에
사르르 날개 짓 하다가 꾸는 꿈

잡힐 듯 벗어나는 님의 향기
하루살이의 몸부림에
거침없이 미소 짓는 하늬
오늘도 잠들지 못하고
삼치는 몸짓에 일생을 태운다

불꽃처럼 흩날리는 가을의 넋
기우는 마파람에 어깨동무하며
아린 동짓달
깊이 내려앉은 밤
빨간 그 이름 지우지 못해
차가운 삭풍에 말없이 묻는다

나그네

구름문에 머리 풀고 드나들던 나그네
아비 업고 눈 귀 뜨고 어미 안고 신발 벗어
숱한 세월 돌고 도는 맨발의 사내 되어
뭍사람 말과 탈을 한 몸에 엮어 단채
동트는 햇볅마루 주인 되어 앉았네

남루한 두루마기 소매 끝에 스친 바람
들리는 곳곳마다 멧비둘기 나는 구나
높은 하늘 강한 햇살 숨길 틔워 흘러가고
온 누리 억센 바람 모란 되어 피어나니
큰 바다 거친 파도 한 살이로 녹아든다

땔감

땔감 장만은 일 년의 일 중 먹을거리 준비 다음으로 중요한 일이다. 일손이 없어 제대로 나무를 할 수 없는 집은 지난 가을에 걷은 초가지붕의 썩은새를 땔감으로 이용했고, 볏짚이나 보릿대는 물론 추수한 벼를 정미소에서 정곡한 후 나온 왕겨를 풍로를 이용해 때기도 했으며, 일손이 많은 집에는 장작이나 죽은 나무뿌리를 괭이로 파서 재기도하고, 여성이 주로 하는 나무는 죽은 나무 가지만 골라 꺾어 오는 일명 '자장개비'도 있었고, 마른 풀잎을 뿌리 채 긁어 묶어 오기도 하며, 아예 생소나무를 베어 오는 간 큰 사람도 있고, 소나무 낙엽(일명 갈비)을 갈퀴로 긁어 한 아름씩 차곡차곡 잘 챙겨 나뭇짐을 생소나무가지 몇 개를 깔아 머리에 이고 오게 되는데, 그렇지 않아도 일제 강점기 때 일본 놈들이 소나무라고는 다 베어 가고 없던 차에, 해가 가면 갈수록 나무는 귀하고 나무꾼이 많아지니 하루에 한 짐밖에 할 수 없는 먼 거리도 마다 않고 어른들은 도시락 싸고 막걸리 꿰어 차고 큰 산 밑으로 떠난다.

어디 큰 전쟁터나 나가는 것처럼 머리에 쓴 모자는 중공군 겨울모자 양쪽 귀를 덮고, 다 낡은 국방색 바지, 너덜너덜하고 목이 긴 농구화에 고무줄을 묶은 채 줄지어 지게 목발에다 막대기를 치며 노래를 부르기도 하고, 한 겨울 저수지를 지날 때는 얼음판에 지게를 썰매처럼 타기도 하며 '낫치기'라고 낫을 멀리 던져 잘 꽂혀 이긴 사람에게 진 사람이 나무는 공짜로 해 주는 내기까지 하기도 했다.

꿩 날고 토끼 쫓으며 겨우 따라온 동생들을 짓궂은 형들은 양지쪽 산기슭에 비스듬히 눕혀 놓고 산오리나무나 망개 넝쿨에 붙어 있는 마른 잎 비벼말아 담배 피우는 모습을 멋있게 보여주며 강제로 담배연기를 콧구멍으로 내게 하니 콜록 거리기까지 하면서도 결국은 담배를 배우게 되는 형들도 있었으며 심지어 중학교 1학년만 넘으면 술 먹는 방법과 잘 못된 성교육까지 시키기도 했으니 얼마나 위험한 행동들이 일어났는지 모른다.

힘들게 걷고 걸어 도착한 나무꾼의 점심도시락. 밥은 당연히 꽁보리밥이요 반찬은 각양각색이었다. 고구마와 무김치, 멸치에 생된장, 주먹밥, 단무지 장아찌, 풋고추에 생된장, 어쩌다 계란 삶은 것도 있긴 하지만 대다수가 된장일색이었다.

점심을 먹고 난 어른들의 대화 속에는 가족은 말할 것도 없고 주인님의 어렵사리, 흉거리 들추다가 본인의 신세타령까지. 뒷 담화로 무르익은 온 산골짜기는 호탕한 웃음과 변변찮은 욕지거리로 가득차고 어느덧 뉘엿뉘엿 해를 뒤로 하고 뽀얗게 피어오르는 굴뚝의 연기를 팔목에 찬 채 거룩한 저녁 밥상을 기대하며 욕먹은 배를 안고 옹골찬 나뭇짐은 춤추며 걷는다.

– 썩은 새(썩은 이엉)

아주 어린 시절, 겨울 초가에 구멍 뚫고 들어 사는 참새를 잡는데 외삼촌 목마타고 미군들이 쓰던 'ㄱ자' 플래시를 비춰드리던 기억이 있다. 참새구이 몇 마리를 해 먹기 위해 초가집 처마 끝을 돌아가며 손을 넣었던 그 것이 땔감이 될 줄은 너무 어려 몰랐지.

가을 추수가 끝나면 집집마다 며칠씩 짚으로 이영을 엮어 말아 두었다가 품앗이로 지붕과 흙 담장을 이게 된다. 지난 해 이었던 묵은 이엉은 감아서 내리고 새 이엉을 보기 좋게 이는 작업이 일 년 농사의 마무리였으며, 묵은 이엉 밑의 갓 낳은 빨간 쥐새끼들을 어른들은 밤눈어두운데 효험이 있다고 먹기도 하였고, 우리들은 장난감처럼 가지고 놀았던 어린 시절의 추억도 있었다. 아무튼 그 때부터 농촌겨울은 농한기에 들어갔다. 이렇게 갈아 이고 난 썩은새는 짚동처럼 묶어세우고 잘 덮어 1년 내내 필요할 때 뽑아 불쏘시개나 땔감으로 썼던 것이다. 화력도 별로 없는 데다 연기까지 많이 나 아궁이에 재만 자주 차서 귀찮은 땔감, 최고로 질이 좋지 않은 땔감으로 인식되어 있었다. 그러나 입으로 힘들게 불을 피워 가끔 밀가루 발라 고추장떡을 굽는 일, 매운 연기 둘러쓰고 아들 딸 새벽밥 지어 시내로 통학시켰던 그 시절 정말 식구 많은 젊은 며느리에게는 더욱 눈물겨운 추억의 땔감이었다.

불고 불어 피운 불에
고추장떡 구워내어
시아비 밥상 채워놓고
옷소매로 훔친 눈물
매운 연기 떨쳐 내니
썩은 새 이불 깔고
세상모르고 자는 저놈
굼벵이 일가친척 모두 구워

배 채울까
오늘따라 그놈들이 그토록 부러울 줄
내 미처 몰랐구나.

-아카시나무등걸

봄이 오면 온 동네가 아카시 꽃 향으로 가득 차고 벌 소리로 윙윙거리는 아름다운 계절로 바뀐다. 그러던 봄과는 달리 초겨울이 시작되면 그 아름답던 꽃을 지우고 가시를 앞세운 두 얼굴을 가진 나무가 아카시나무다. 초등학교 5학년 겨울 어느 날, 집 뒤 산자락에 있는 밭가에 아카시나무가 번성해 우리 집 일하는 아저씨가 함께 가자고 부추긴다. "용아! 니가 뭐 하것나마는 함께 가서 꼭 할라쿠모 불도 땔 겸 가지부터 나무 몽데이까지 막 잡아 조져봐라!"하며 은근히 맘을 흔들어 본 아저씨의 말에 막걸리 주전자와 괭이를 들고 뒤를 따라 올랐다. 아저씨는 아카시를 칠 때 끼는 가죽으로 된 장갑을 끼고 낫이랑 톱을 이용해 깨끗하게 닦아 나가고, 나는 등걸 하나를 가지고 몇 십 분이나 매달려 있는지 힘이 거의 빠지도록 몇 뿌리 못 캐고 다리 뻗고 앉았었다.

아카시나무의 오래된 등걸은 그냥 발로 차고 괭이로 툭툭 때리면 파기가 쉬운데 그렇지 않은 놈은 뿌리가 길어 원 나무가 드러나도 몇 미터나 당겨가며 파야하기에 시간과 힘이 많이 든다. 일제 때 일본사람들이 조선인들의 산을 망친 이후 60년대 말부터 치산녹화사업의 일환으로 조림수로 각광받았지만, 농지는 물론 조상 산소에까지 파고들어 해를 끼치는 정말 환영받지 못한 나무이기도 하였다. 그러나 가시 때문에 채취나 불을 피우는데 어려움이 있긴 했으나 화력이 좋아 연료로 이용되는 데는 매우 좋은 땔감으로 인정받았다.

보통 등걸은 집으로 지고 온 뒤 도끼로 잘 쪼개어 빈틈이 잘 보이지 않을 정도로 쌓아 올리고, 가지는 한 아름씩 새끼줄로 묶어 도끼로 불 피우기 좋은 길이로 잘라 차곡차곡 재어놓고 필요할 때 마다 부엌으로 운반하여 연료로 쓰곤 했는데 어머니의 손가락은 자주 찔려 저녁이 되면 호롱불에는 안보여 귀하게 여기던 촛불 켜 놓고 손가락에 든 가시를 바늘로 뽑아낼 때가 적지 않았다.

당시에는 주로 아카시나무가 성장하여 두께가 굵어지면 밭둑이나 논둑 무너진 곳에 말목으로 많이 이용하였고 나뭇짐이나 곡식을 잴 때 사용하는 받침목으로 사용하였다. 그러나 세월이지나 과학이 발전한 요즈음은 아카시 꽃의 이용도는 더욱 높아졌다. 우선 꿀을 채취하는데 가장 대표적인 밀원이며, 오래된 아카시나무의 온실가스 흡수 능력과 항생제 내성으로 항생제가 잘 듣지 않는 염증이나 임산부의 부종, 만성중이염 등의 치료 약재로 쓰이고 있다. 또한 오래 된 나무 등걸은 다양한 모양으로 탄생되어 목 부작이나 관상용 가공 목으로 새로운 생명이 투입되어 임산 부산물로 각광을 받고 있기도 하다. 이러한 폭넓은 이용성은 아카시나무의 새로운 가치를 찾아내어 인간의 삶의 질을 높이는데 보탬이 되고, 앞으로는 땔감으로서의 가치보다 그 효율성을 한 층 더 발휘함은

농가 수익에 기여하는 바가 클 것이다.

특히 5월이 되면 아카시 꽃 아래가 그립고 해마다 함께 했던 당시의 몇 몇 얼굴들이 추억되어 마음 아픈 지금 필자에게는 그 꽃 한 아름 따다 막걸리에 띄워 마시고 싶고 베개 속에 넣어 자고 싶은 큰 충동이 인다.

- 왕겨

아침 일찍 이웃에 있는 작은 집 마차에 나락 몇 가마니를 함께 싣고 정미소로 가면 온 정미소 내에 먼지가 가득 날아다닌다. 일찍 도착한 순서대로 도정을 하게 되는데 왕겨가 나오는 곳은 길가에 있다. 머리에 모자를 쓰거나 여자들은 수건을 쓰고 가마니에 담는다. 왕겨의 양은 나락 가마니 수만큼 나온다. 쌀을 시장에 나가 팔고 나면 돌아오는 길에 그 왕겨를 싣고 오는데, 왕겨가 주로 이용되는 곳은 가정용품으로는 베개 속 재료로 쓰였으며, 고구마, 감자, 무 등의 저장용 용재로 활용되었다. 또한 풍로를 이용한 땔감이나 가축우리의 바닥에 깔아 주었으며, 집안의 흉사나 길사 시 막걸리 독을 가운데 놓고 불을 피우는데 용이하게 쓰이기도 했다. 뿐만 아니라 마늘, 양파 파종 상에 월동용, 고구마 온상 맨 위에 깔아 급수 때 흙이 고구마 잎에 튀는 것을 방지하는 목적 등으로 사용되기도 하여 농촌에서의 이용성은 다양했다.

땔감으로 사용할 때 조금만 부주의하면 연기와 불꽃이 함께 바깥으로 갑자기 퍽! 하며 밀고 나와 머리카락과 눈썹을 태우는 불상사가 더러 있었다. 이러한 불의의 사고 예방과 화력조절을 위해 풍로 입구에서 아궁이까지 함석으로 적절한 길이로 관을 만들어 끼워 사용하기도 했다.

현대에 와서는 벼를 도정한 후 나오는 벼 껍질(왕겨)로 고용량 리튬이온 이차전지용 실리콘 음극 소재를 만드는 기술이 국내(카이스트) 연구진에 의해 개발됐다. 이로 인해 소형전자기기용 이차전지의 사용시간이 약 1.5배 늘어날 것으로 기대되는 중요한 소재가 과거의 땔감이었던 왕겨였다.

- 메탄가스 시설

1980년 이전만 해도 농촌에서는 집집마다 소 한 두 마리와 돼지 한 두 마리정도는 다 사육했다. 특히 돼지는 새끼를 분만하고 나면 갑자기 두수가 불어나 사료 급여량이 증가할 뿐 아니라 분뇨 배출량도 많아져 매일 아침 축사 청소에 어려움이 많았다. 더욱이 농사용 퇴비 증산이 지역마다 목표량이 배정되기도 한 시기가 있어 심지어 학생들 까지 퇴비 증산작업에 동원되기도 했다.

그런데 어느 날 아버지께서 아주 기쁜 표정으로 들어오시면서 "앞으로 우리 집에서는 나무로 불때서 밥하는 거는 못 볼끼다. 쪼~끔 있으모 메탄까스로 밥을 해 물 수 있그로 큰 고무통이 들어 올끼이다" 하시면서 메탄가스 저장 통 묻을 장소를 지정해 주셨다. 정말 몇 시간 후 시커멓고 큰 고무 통이 아래 위 절반으로 나눠어져 차에 실려 왔다. 가스 공급은 어떻게 하는지 궁금했는데, 놀랍게도 소, 돼지, 닭, 염소, 개, 고양이

할 것 없이 그놈들이 배출해 내는 똥은 무조건 삽으로 떠서 넣으라는 것이었다. '가축의 똥으로 밥을 해 먹다니' 얼마나 놀랍고 신기한지 몰랐다. 배관 공사를 끝낸 후 화장실을 우선 퍼서 메탄가스 통에 붓고, 퇴비간에 재여 있는 분뇨들을 모두 걷어 채운 뒤 가스가 나오기만 기다렸다. 기분이 별로 좋지는 않았지만 그래도 궁금해 자주 가스호스에 달린 코크를 열어보면 버너에서 구린내가 제법 나기도 했다. 아닌 게 아니라 며칠 안 되어 신기하게도 파아란 불꽃이 올라와 그 불에다 밥부터 국물 및 빨래 삶는 물을 덥히는 데까지 별 어려움 없이 쓸 수 있어 얼마나 편리했는지 몰랐다.

이런 시설이 우리 집에 설치되자 온 동네사람들이 구경하러 올 뿐만 아니라 이웃동네까지도 소문이 퍼져 한동안 우리 집은 메탄가스 시범농가로 지정되어 구경꾼들이 끊일 날이 없었다.

그동안 땔감 준비에 노심초사했던 것이 하루아침에 해소되고 난 우리 집, 작고 초라 하지만 엄청 잘 사는 집으로 인식된데 대하여 어린 나이에 어깨가 으쓱하기도 했던 추억이었다.

- 연탄보일러 방

1970년대 중반 농촌 주택개량사업의 일환으로 5년 거치 15년 분할 상환의 조건으로 건축비를 융자해 준 시기가 있었다. 이 때 농촌지역에는 헌집을 뜯고 새 집짓는 바람이 일기 시작했다. 내가 사는 지역에서 우리 집도 선정이 되어 집을 짓게 되었다. 스레이트 지붕에다 개량된 부엌 및 화장실이 달린 널찍한 집(30평 미만)을 짓는다는 것은 대단한 발전이었고 살맛나는 세상이었다. 주택건설비 걱정은 아버지가 할 일이었기에 그저 집 짓는 데만 몰두하여 힘껏 막노동으로 거들어 드리는 것이 일조하는 것이라 믿고 최선을 다 했다. 벽은 5인치 블록을 이중으로 쌓고 그 가운데 스치로폼을 넣어 외부 바람을 막았고, 전기공사도 천정을 타고 다니면서 직접 내가 하였으며, 둘째형님이 목조 문틀에다 진주에서 마산까지 가서 마루 끝 여덟 짝의 유리에 기쁠 희(喜)자를 새겨 넣어 부티 나는 집을 짓게 되었다. 안방과 가운데 방문은 문살을 촘촘하게 예쁘게 넣어 만들고 천정도 합판으로 층을 내어 문양을 넣으니 정말 멋진 내부 공사로 볼 폼 있게 마무리 되었다. 다음은 화장실과 부엌 공사였는데 화목 부엌이 아닌 연탄보일러가 놓이고 부뚜막도 무릎 높이로 깨끗이 만들어 졌으며, 울퉁불퉁한 흙바닥이 아닌 매끈한 시멘트 바닥이고 보니 정말 도시 집과 비교해도 손색없는 집이 되었다. 방 4개 모두 구들을 설치하고 그 위에 보일러 호스를 깔아 연탄과 나무 겸용으로 만들었는데 연탄을 갈아 줘야 할 때는 밤잠을 설치는 경우가 많았다. 그래도 얼마나 편한지 첫째는 부엌이 깨끗하고 먼지가 덜 났으며 나무를 준비해야할 노력이 훨씬 덜 들어 얼마나 기뻤는지 모른다. 이를 함께 할세라 초가집 피해 지은 블록 스레이트집 한 치 빈틈없이 꽁꽁 막고 메워 지었건만 종이천정에 지도 그리던 쥐새끼들까지 더욱 좋아 날뛰네.

솜이불

검게 탄 구들목
대나무에 얹힌 너
저마다의 애타는 부르짖음에
한 마디 불평 없이
암흑의 몸뚱이에 붉은 머리띠 매었구나
굶주렸던 배
칼바람 새어들던 문틈
밤새 네 귀 잡아 뜯기며 덮고 막은 괴로움
언제 당했냐는 듯
아침 일찍 횃대에 앉았구나
네가 내 마음의 진정한 가족이고 고향이었기에
오늘도 따뜻했던 너의 품 조용히 그려 본다

단풍

세월에 부대낀 흔적을
떠내려 보낸 이가 누구 길래
그렇게도 무작위로 칠 해 버렸는가?

떠나가는 시간
무엇이 그렇게도 가슴을 울렸기에
벌레 먹은 구멍까지 붉게 물들였는가?

불어오는 바람에 짙은 안개 걸러 날릴 즈음
희미하게 비틀거리며 찾아 드는 날카로운 서릿발
기름기 도는 퀼트 이불로 발목까지 덮어 본다

똬리

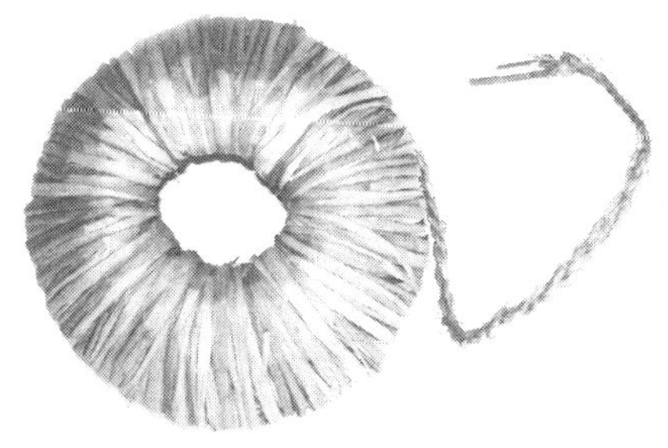

하늘을 이는 머리 위
조용히 눌러 앉은 자태
할머니와 어머니를 고루 닮았다.

짚 한 올 한 올
짓눌린 시간 속에는
사랑과 그리움은 간 곳이 없고
세월을 엮어 돌려 꼬아 문 입술엔
차가운 가슴
깊은 한 방울 되어 흐른다.

새벽녘 별을 이고
찬바람 사이로 스치는 고요
누구를 앉히려고 적막을 깨는가?

막걸리

구들 목에 앉은 주인
큰 몸살 하는지
솜이불 둘러쓰고 속 알이 한다

몰래 빚은 누룩에
허기 참아 남긴 쌀
고두밥 되어

심장방아 찧어 만든
통한(痛恨)의 밀주(密酒)
주인 머슴 할 것 없이
사발 채 들이 킨다

동네사람들아!
술 치러 왔소!
누군가가 고함지르며

한 길을 뛰어 다닌다

세무서 나리
집안에 들기 전에
누룩지고
술독 이고 명을 걸고 달리니
황당한 신사들 모른 체 돌아 선다

가래질

시월 말이면 논두렁을 걸어 다니기가 재미있다. 혹시 벼농사 마지막 즈음에 논바닥에 물이 잘 빠졌는지 병충해가 있나 없나를 알아보기 위해 예찰을 한다. 게으름을 피우고 논 안에는 들여다보지 않고 논두렁에서만 보고 지나가다가는 빠뜨릴 수 있어 의심스러울 때는 맨발로 논 한 가운데 까지 들어가서 벼를 재껴가며 확인한다. 이 일은모내기부터 수확기까지 매일 아침 이루어지는 일이다. 농사 마지막 예찰이 끝나면 추수할 날짜를 잡고 벼를 베고 말려 탈곡하는데 필요한 일꾼들을 예약하면 추수 준비는 끝난다.

날씨 좋은 날 숫돌에다가 낫을 갈고 막걸리 한 주전자랑 삶은 고구마 몇 뿌리와 무김치 한 그릇을 담아 벼 베러 나간다. 몇 날 며칠을 논바닥에서 말려 묶은 볏단은 타작마당이나 논 현지에 쌓이고 탈곡 할 날을

기대 한다. 새벽 첫닭이 울면 어머니는 부엌으로 나가신다. 큰 무쇠 솥에 쌀을 넣고 김치를 잘게 썰어 마른멸치와 함께 끓인 김치국밥은 새벽추위를 달래기에 충분했고 그 시간 이후부터는 온 식구가 탈곡기에 세 명, 탈곡기 앞 갈퀴질 한 명, 볏단 운반 한 명, 짚단담당 한 명이 부지런히 새벽을 가른다. 오전 나절이 끝나고 점심식사를 마친 타작마당은 잔뜩 쌓인 짚 무더기에 여기 저기 누워 잠시 피로를 달래고, 가마니에 담기 전 죽정이와 지푸라기나 흙먼지를 날려 없애기 위한 가래질이 시작된다. 당일 바람이 약간 불어 주면 쉽게 끝날 수 있지만 그렇지 않으면 가래질 하는 사람은 몇 번이고 벼를 높이 떠 날려야하는 수고를 감수해야 한다.

일 년 농사의 결실을 위한 그동안의 한발, 풍수해, 병충해, 잡초제거 등 갖가지 노고를 가래에 실어 날리는 가슴 벅찬 순간순간 양 팔과 어깨가 빠질만한 수고지만 수확의 기쁨에 입가에 지는 미소 질 줄 모른다.

가래질

날 가물어 물 못 먹고
태풍 맞아 쓰러지며
병들고 벌레 들어
애진 고생 이긴 너

황금빛 얼굴에
미소 짓는 너를 맞아
만 가지 고난 털어
이 가래에 날리노니
섬섬이 가득 채워
주린 배 채워 주게

잔디 씨

뙤약볕 내려 쏟는 언덕바지
양철도시락
무명자루 겹쳐 끼고
소리 없이 앉았다

까만 열매 촘촘히 달고 나온 씨눈
날 세운 도시락에 홋대만 남는다

험난한 길
기약 없는 여행
턱없이 작은 생명
구겨지고 터져야 이어지는 삶이
누가 이 장엄한 출산을
축하하리오

지우개

당신의 가슴에
해 걸어 그려진 그림이 낙서(落書)였다면
수천수만(數千數萬) 줄의 헝클어진 연필 자국
소나기 내리는 날 평상위에 던져두렴

당신의 두 눈에
해 걸어 찍은 사진이 초원 위의 낙타였다면
벌집처럼 많은 흙탕물 주머니
펄펄 나는 먼지 길에 뿌려 두렴아

당신의 두 귀에
해 걸어 들은 소리가 빈 소리였다면
긁힌 레코드판 축음기에 얹힌 소리
깊은 산 폭포 밑에 물 받아 돌리렴아

그동안 몸서리치도록 무너지고 막힌

당신의 가슴과 눈 그리고 두 귀
매서운 찬바람 사립문 들기 전에
가을 하늘 햇살 받은 파란 지우개로

남김없이 지우고
흔적 없이 지우소서

쑥씨

귀염과 미움을 함께 받는 쑥
뿌리와 종자의 활발한 번식력
봄에는 귀엽고
세 철은 미우니 이를 어쩔꼬?
바람에 흩날리는 하얀 종자
내년을 기약하며 날고 나른다

2

아이야!

출산 / 아이야! 시간 내어 놀아라 / 신입생 유치 설명회 / 알파고 / 4월의 캠퍼스 /
다그치면 / 고딩들이여! 자신과 부모를 변화시켜라! / 제 갈 길은 다른데 /
설계도 / 욕심, 화(禍) / 바람 / 자녀의 미래는 '잘 보여주는 것'이 우선 /
소녀의 꿈 / 야! 이 별놈아! / 소원등(所願燈) / 미리 가 본 대학 /
멋진 어머니의 옷은? / 맞고 사는 아이 / 바보야! / 멘토(Mentor)의 노래 /
어쩌라고? / 밥상보다 밥을 찾아라 / 깊은 밤 되기 전에 / 님의 혼 / 고맙다! / 가는 길 /

출산

천륜의 피를 이어 네 철을 스쳐 탔네
만고의 심장소리 변함없이 같았건만
타고 난 곳 유별하여 웃음소리 낼 줄 몰라
첩첩산중 젓대소리 넋 놓고 듣고 있네

아이야!
시간 내어 놀아라!

1. 아이야!

밤이 오면 양 손 길게 뻗고 긴 숨 고르며 조용히 눈을 감아라. 하루의 밉고 고운 일들을 하얀 종이에 마음껏 그려라. 머리가 땅을 둘러쓰고 다리와 팔이 머리에 달려 뒤섞여도 좋고, 간이나 허파가 발가락에 꿰이 풍선처럼 하늘로 날라 올라도 좋다. 아니 그 모두를 늙은 나무를 갈기갈기 뜯어 썩혀 거름으로 쓰는 그림도 좋으니. 그것이 좋거든 아침 해가 중천에 와도 깨어나지 마라. 거기에 네가 그리고 싶은 그림이 있다.

2. 아이야!

아침 해가 돋거든 하늘을 봐라. 얼마나 멋있냐? 푸른 하늘을 가슴에 안고 지친 구름 사이로 지구 저쪽에서 일어났던 좋고 궂은 일 모두를 지우고 숨긴 채 힘차게 솟구치는 그 빛살을 놓치지 마라. 거기에는 희망이 있고 고요가 있으며 재미있는 구경거리와 할 일이 있다.

3. 아이야!

저녁노을은 어떠냐? 아름답지 않니? 오늘 하루 지구의 처음에서 끝을 비춘 힘겨운 빛의 마지막 모습이다. 거기에는 생명의 탄생과 소멸이 있었고, 아름답고 달콤한 사랑이 고운 향 뿌렸으며, 성공과 실패 그리고, 희망과 절망이 놀았던 그런 빛이기에 너의 힘을 거기서 얻음이 어떠냐?

4. 그것이 어렵고 힘들거든 아이야!

바람과 구름 그리고 꽃이 피는 모습을 제대로 보고 느껴봐라. 바람과 구름은 온기와 냉기를 따라 여행하고 꽃은 물과 빛을 따라 피어오르니 명줄을 잇고 자르는 법을 배울 수 있어 좋지 않으냐?

5. 너는 배고파 우는 아이를 보지 않았냐? 누가 무엇이 그렇게 만들었는지 알지 않느냐? 왜 배가 고픈지도 알고 있는 너를 믿고 싶다. 지나가는 사람이 던져 주는 동전으로 주린 배를 채우려는 서글픈 사랑과 어둠이 함께 내려앉을 무렵, 저 아이의 새까만 손에 빵이 들릴 때 까지 지켜보아라.

6. 언젠가 술이 취해 비틀거리다가 길바닥에 드러누운 처량한 사람을

보지 않았나? 그이의 입에는 고독과 후회 절망과 절규가 들어 있고, 그의 눈에는 가식과 방탕이 걸려 있었으며, 그의 마음에는 뜬 구름과 게으름이 가득 찼기에 지금 이 순간 마귀의 혀에 걸린 혹독한 모습이니 깊이 눈 빠뜨리지 마라.

7. 길가다가 자주 경찰차의 경광등을 보고 그 소리를 듣지 않느냐? 그 경광등의 불빛에는 깨어지고 부러진 시계초침이 들어 있고 절규와 애환이 있으며, 후회와 한숨으로 빚은 꿀과 빵이 춤추는가 하면 질서와 미소가 어우르는 넓은 광장이 있기에 더도 덜도 말고 차고지만 기억하고 놀아라.

8. 밤새 죽은 어버이 앞에서 울고 있는 상주를 보고 웃어 본적이 있냐? 얼마나 많은 회한이 있었겠냐? 자신의 행복을 심하게 얽힌 칡덩굴과 등나무 덩굴로 얽어 맨 채 자식의 출생과 양육 그리고 삶의 기본을 전해 준 그 분들의 고마움을 지금에야 깨달을 수 있기에. 하고 많은 사람들이 님 앞에서 가슴 찢고 울음 짖는 이유는 무엇일까? 아마 수 천 년을 흘려도 채울 수 없는 눈물의 바다가 기막힌 현실의 뒤 끝에 자리해 있기 때문일 것이다. 울지 마라! 님이 가시는 그 길에 웃으며 모실 수 있는 따뜻한 양탄자를 준비하자.

9. 심하게 아프거든 죽음이 가까웠다는 사실을 깨달아라. 의사를 나

무라지 마라. 세월을 나무라고 세상을 나무라며 결국에는 자신을 원망타가 조용히 죽어라. 죽음을 선택했으면 좋을 정도로 아파 보았느냐? 수술방의 서늘함을 느껴 보고 찢어진 배를 보고 미소 지어 보지 않은 사람은 아픔의 뒷길을 말하지 말라. 작은 아픔을 아프다 하지 말고 그저 편안한 마음으로 보듬어 안아라. 그러면 쏟아지는 빗줄기도 폭설도 한밤에 슬피 우는 짐승의 울음까지도 편하게 들릴 것이니.

10. 아이야!

진종일 뛰어다니다가 다리가 아프거든 길가에 그대로 주저앉아 사방을 둘러봐라. 어떤 사람 얼마나 많은 사람들이 제할 일에 빠져 있고, 쫓겨 다니며 찾아다니는지? 또 어떤 사람이 너처럼 지쳐 길가에 퍼져 앉았는지? 오늘 내가 자신에게 부끄럽지 않게 제대로 놀았는지도 솔직하게 먼지 먹은 입으로 물어 봐라. 그러면 언젠가는 대답 할 것이다. '네 일생 함께 하며 놀아야할 꺼리가 여기 있다' 고. 그것이 바로 네가 할 일이다. 하여 짧은 인생 후회하지 않으려거든 네가 진심으로 하고 싶은 일을 빨리 찾아 만들어 하라는 이야기다.

11. 아이야!

네가 가진 몸과 마음 그리고 정신이나 영혼은 모두가 너를 사랑하는 부모님의 혼으로 성장해 간다는 사실을 조금이라도 알아라. 비록 맘에 들지 않은 말씀이나 행동이 너의 가슴을 찢더라도 이는 두 분의 생각이

네 생각과 다름을 이해해라. 용돈이 모자라 거짓말도 해 보고 남의 물건을 탐내기도 했으며, 아버지 차를 훔쳐 타고 친구랑 밤거리를 질주해 본 적이 있지 않았느냐? 거기서 네가 본 것은 무엇이었느냐? 돈의 파격적인 위력과 자신을 비교해 보기도 했고, 부모님의 무기력도 알게 되었으며 더욱이 자신의 왜소한 선신을 보지 않았느냐? 그렇다고 후회하거나 포기하지마라. 하늘은 늘 열려있고, 바다는 깊은 마음으로 바람을 맞아 새로움을 만들며 나뭇잎은 철이 바뀌면 떨어지고 새싹 피워 꽃 피우고 열매 맺지 않던가. 비록 힘들지만 너도 그렇게 될 것이니.

12. 아이야!

바람이 '바람'을 만든다는 사실을 알아라. 바람은 갖가지 아름다움과 걸작을 만드는가 하면 무한한 재난과 어려운 문제들을 만들뿐 아니라 네가 진정으로 바라는 희망을 만들어 낸다는 사실 말이다. 하기에 방황과 깊은 고민이 힘들겠지만 자신의 성공을 향하는 진정한 길을 알려 줄 것이라는 사실을.

그래서 '시간 내어 놀아라!' 는 이야기다.

신입생유치 설명회

꽉 찬 강당
각자 제 소리에 시끄럽다
할애된 시간
학과별 열 띤 홍보가 아이들을 깨워 보지만
잠을 못 깬다

부모가 아는 길과
선생님이 아는 길이 다른 까닭에
정작 자신이 찾아 가야할 길은
더욱 어둡다

결국 떠밀려 가고
끌려가는 대학에 불은 켜질까?

알파고

참나무연필
향나무연필
샤프연필로 지은 징검다리를 건너던
그 시절이 옛날이었구나

수 백 대의 컴퓨터로 기운
거미줄 옷을 입고
마주한 인간의 친구 알파고가
새로운 세상을 만들기 위헤
험준한 산골 비탈진 돌밭을 쉽 없이 가는 구나!

4월의 캠퍼스

맑은 하늘은 눈을 열리게 하고
맑은 하늘은 가슴을 열리게 하며
맑은 하늘은 양주먹 불끈 쥐게 하기에
높은 하늘을 그렇게 좋아하나 보다

연두 빛 산자락을 보고 있으면
청순한 님의 미소 곁에 있는 듯
양손 크게 벌려 살포시 맞이하리

저산의 연두가 짙어지기 전에
빼꼼이 열려있는 강의실 문 안
인기척 감돌아 눈 넣어 보니
공부거리 남김없이 다 가져가라고
물걸레 비질이 바쁘기만 하다

4월의 가운데를 지나는 길목에서

다그치면…

움트라 다그치면 새 움부터 얼어 죽고
꽃 피우라 졸라대면 깨 벌레 달려들며
큰 열매 보려 다가 태풍 맞아 떨어지네

다그치면 피하고 피하다가 도망가며
들볶아 뜨거우면 개구리 뜀박질로
한 번 뛰고 두 번 뛴 뒤 언덕 높이 분별없다

고딩들이여!
자신과 부모를 변화시켜라!

무더운 날의 정점에 앉은 고3학생이나 학부모의 마음은 뜨겁다 못해 어지럽다. 출생이후 지금까지 양육해 온 어버이의 노고는 누가 치하해 줄 것인가? 자녀에게 다 해 주지 못한 마음에 부모는 늘 미안할 따름이라, 자식에게 하고 싶은 말을 제대로 못하고 산다. 어린이집, 유치원을 거쳐 초등학교까지 긴장을 늦추지 않으며, 마음의 지척에다 아이를 붙들어 놓고 일상에 임하다가 중학교입학하고 나면 긴장감이 느슨해지는 경우가 있기는 하지만, 곧 사춘기를 업고 나서는 우리 아이 어디까지 관심을 가져야 할지도 의문이다. 더욱이 부모의 어설픈 자녀교육에서 빚어지는 갖가지 문제점들은 내 아이에게 정체성 혼란을 가져올 뿐 아니라 사회적 방랑자로 전락하게 되는 원인이 되기도 한다. 그래서 가정에서 자녀와의 진정한 대화가 그들의 나쁜 문제행동을 예방하고 저지할 수 있는 방법이라 믿으므로 '원하는 것만 다 해주면 된다'는 부모의 생각, 글쎄 자녀가 보는 눈과 마음이 부모가 보는 눈과 마음과는 거리가 있으니 엇나가지 않고 어떻게 기대방향으로 갈 것이라 믿는가?

학교나 사회 뿐 아니라 정부에서도 그토록 학교폭력 근절에 총력을 기울이고 있건만 학교 폭력에 대한 처벌을 받은 지 채 한 달도 못되어 또 다시 폭행을 저지르는 폭력학생은 누구의 책임이며 이제 와서 어떤 대책이 필요하겠는가? 비록 자신을 잘 이해하지 못하고 부모님의 의도대로만 이끌어 가고자 하는 생각에 '나와 다른 부모'라고 잘 못 이해하여 역방향으로 가는 자신을 정작 옳다고 보기는 어렵다. 직장 생활에 쫒기고 가정 일에 쫒기는 부모님만 탓하지 말고 자신의 의지를 확고히 하여 부모님의 기대나 생각이 바뀌도록 노력해야 한다. 이를 위해서 학생자신의 정체성을 분명히 정하여 매진할 구체적이며 실천 가능한 계획을 세워야 할 것이다. 제대로 된 정보와 선택해야할 학과에 대한 학습계획 그리고 자기가 선택할 직업과 동일업종에서 성공한 사람에 대한 관심과 지도를 받고, 현재까지 해 오던 나태한 생활을 바꾸어 철저하게 계획적이고 실천적인 면모를 갖추어 간다면 반드시 부모님의 생각을 바꿀 수 있을 것이다. 부모님의 생각이 바뀌면 자신에게는 더 큰 힘이 될 수 있으며 목표달성을 위한 실천은 더욱 쉽게 이루어지리라 믿는다.

고딩들이여! 자신의 진정한 행복과 참다운 미래는 누가 만들어 가야

하며, 누구의 도움이 있어야 하고 누가 거울이 되어야 한다고 보는가? 나 자신의 뜻을 깊이 알아 줄 사람은 어디 있다고 생각하는가? 그는 바로 부모님도 아니고 선생님도 아닌 네 자신이라는 사실을 알아야 한다. 공부 잘하고 싶은 마음은 누구나 같을 것이다. 그러기 위해서는 체계적인 학습계획으로 우선순위를 정하여 분배 학습하는 것이 바람직하다. 늘 해야 하는 단어 암기는 물론 EBS교재, 인터넷 강의, 기출문제 풀이 등을 월별 및 일별로 계획을 세워 실행해야 할 것이며, 일부 학생은 현재까지 자신이 목표한 점수에 도달하지 못했다고 실망하여 진학을 쉽게 포기하고 아르바이트나 자신의 의도와는 전혀 다른 직업을 선택하려는 위험을 범해서는 안 될 것이다. 자신이 가진 진솔한 뜻을 친구나 동료 및 선생님에게 확실하게 공개하고 도움을 요청하여야 한다. 알다시피 대부분의 교육과정이 좋은 대학진학을 목표로 한 교육열로 학생 개개인의 인성이나 정체성확립을 위한 기회제공보다는 우수대학 입학을 위한 학습 진행으로 시간에 쫓기고 몰려 밤낮으로 애 쓰는 선생님과 교육관계자의 노고는 흙탕물에 희석되고 마는 것이 오늘의 현실이다.

이러한 현실을 이제는 학생들이 인식하여 효율적이고 성공적인 학습을 위해 동료와 선·후배를 생각하는 마음을 배양하자. 공익을 위한 자율적 동참은 물론 어려움을 극복하고 해결하는 능력 등의 다양한 활동들이 곧, 사회생활의 기본이 되며 자기성장의 밑거름이 된다는 것을 인식해야한다. 대학도 이제는 학교성적 위주의 합격보다는 고등학교까지의 인성과 성실성, 동료학생과의 관계, 선생님에 대한 태도, 교내·외 활동 참여정도, 리더십, 학교폭력 가담여부 등을 대폭 확대 반영하여 입학시켜야 한다. 학업 역시 졸업을 연기해 가면서까지 취업공부를 하지 않아도 될 정도로 학생개인의 전문성 및 독창성을 기르고 자율성과 창조적 능력 확보를 위해 취업현장에서 실무에 절대직인 도움이 될 수 있는 참신한 교육환경으로 이끌어 갈 수 있도록 이론적 · 기술적 능력을 향상시켜야 할 것이다.

온 가족이 함께하여 아침 식탁이 즐겁고 부모가 자녀를 믿음을 갖고 직장으로 출근하는 정겨운 가정, 피 끓는 청년들이 하고 싶은 일을 할 수 있는 활기찬 사회, 어린 자녀를 마음 놓고 학교에 보내고 여성이 홀로 밤길을 걸을 수 있고, 문제 청소년이나 범죄 없는 사회, 세계 속의 한국, 부강한 나라를 만들기 위한 절대적 과제는 부모가 변해야 자식이 변하고, 학교가 변해야 학생이 변하며, 학생이 변해야 사회가 변하고 사회가 변하면 나라가 강성 해 진다는 사실을 명심하자.

고딩들이여!
아직 이른 새벽이니 자신과 부모를 변화시켜라.
그리고, 다 함께 가자.
새롭고 밝은 세상을 향하여!

제 갈 길은 다른데

어둠이 내릴 무렵
크게 벌어진 다툼

아버지와 어머니의 싸움이 모자라
온 가족이 엉키고
선생님까지 가세하며
팔방으로 가리키는 이정표
어린 과객은 휘청거린다

그 누구의 무엇에
얻어맞았는지 모르지만
정신을 잃고 만다
그냥 내버려 두지!

갈길 몰라
응급실에 든 아이

야반도주 하니

고 3의 머리에 산성 비 내린다

설계도

신작로로 달리는 자전거 길
빨간 꽃
노랑 꽃
파란 꽃 피었네
파란 꽃 따러 가는 어여쁜 소녀
말벌의 유혹에 눈멀어 가고

노랑 꽃 따러가는 귀여운 사내
지나가는 들개에 홀린 마음에
타고 가던 보오드까지 다 주고 가니

빨강 꽃 따러가던 어미 아비는
네 눈에 든 황사에
눈물 바가지

욕심, 화(火)

답답한 가슴을 틔울 줄 몰라
버럭 지르는 화에
독설이 쏟아진다

담을 수 없는 말이 되고
회복할 수 없는 아픔이 오며
기웃거릴 곳 조차도 없어진다

마음도 몸도
이웃도 함께 버릴 어리석은 짓
중천의 해나 달이 떠 있는 한 만들지 마라

바람

조용한 밤
책갈피에 피는 바람
아이돌(idol) 숨결

햇살 찬 교실에서
창문열고 기다리는
sky바람

무지개로 꾸며진
스마트폰이 주는 바람
거침없는 집시 바람

이 바람 모두 모아
책장 앞에 매단 채
하염없이 바라본다

자녀의 미래는
'잘 보여주는 것'이 우선

자녀의 건강한 미래를 위해서는 '잘 가르치는 것보다 잘 보여주는 것이 우선'이다. 젊은 부모들의 행복지수에서 큰 자리를 차지하고 있는 것은 안정된 직장과 행복한 삶이다. 뿐만 아니라 출산이후의 원만한 양육 및 교육으로 좋은 부모가 되려고 노력하고 있지만 많은 부모들은 자식에게 큰 기대를 걸고 최고로 키우고자 하는데 그 심정 뒤에는 어떤 위험이 도사리고 있는지 짚어 보자. 먼저, 부모의 짧은 식견으로 마음대로 기르치려 하고 또래와 함께 활동적이고 사회친화적인 놀이가 좋다는 것을 알고 있음에도 불구하고 공부에 방해가 되고, 자녀의 신체적 안전을 위협하거나 잘못된 친구관계를 걱정하여 제한적 공간이나 우등생만을 친구로 선택하게 하며, 심하면 가정 전체를 억지로 학업 분위기로 만들어 버리는 위험을 보이고 있다.

입학과 새 학년이 시작되면, 내 자녀는 어떤 일을 할 수 있게 할 것이며, 수많은 직업 중 알맞은 직업은 무엇일까? 현재 우리나라 직업은 표준분류상 세세분류 수가 1206종류(통계청)나 되는데도 우선 선뜻 눈에 드는 몇 가지의 직업이나 일의 테두리 안으로 자녀를 끌어들이는 부모가 문제다. 정부의 교육정책(과정)과 학부모 등을 포함한 사회적 현실과의 괴리가 크기 때문에 다양한 문제를 갖고 있는 것이 현실이지만, 나는 아직도 풀 수 없는 수수께끼처럼 느끼는 것은 대학생이 되어도 왜 학교에 왔는지? 장차 자신이 무슨 일을 해야 하는지도 생각하지 못하는 학생이 많다는 데 있다.

새 해 첫날, 옛날 같았으면 조부모의 그늘 아래에서 철저하게 훈육된 부모님의 모습만으로도 어른 공경과 예의범절을 자연스럽게 배울 수 있었고, 많은 형제자매들 사이에서 질서와 공동생활을 몸에 익힐 수 있었지만 지금은 어디 그런가? 부모님과 함께할 수 있는 시간은 아침저녁 합해야 고작 두 시간 미만이 많으며, 휴일은 각자 밀린 일과 해야 할 일이 많아 온 가족이 같이 모이기가 어려운데 어디서 누구한테 어떻게 참된 모습을 제대로 보고 배울 수 있겠는가.

졸업과 입학이 연이을 즈음에는 학교 정문이 꽃다발로 가득 차고 오가는 보호자와 학생들의 얼굴에는 미소 가득한 아름다운 풍경을 보여왔던 과거와는 달리 또 다른 도전과 시련이 기다리고 있다. 더욱이 이들

을 바라보는 사회나 국가의 정책은 다양하고 풍요롭지 못하다. 때문에 대기업의 채용이념이나 철학 역시 명문대학과 우수 성적이라는 제한된 거름망으로 거르고 또 걸러 입사 시키는 양상이니 자신이 진정 하고 싶은 일이나 할 수 있는 일도 거침없이 매장되고 마는 현실이 안타깝다.

그렇다면 위 몇 가지 문제에 대한 대책은 없는가? 먼저, 부모가 보여주고 전해줘야 할 것은 진정한 대화시간 확보와 가정교육으로 참다운 인성을 기르도록 도와야 하며, 건강을 위협받지 않고 도덕과 법의 경계를 넘지 않는 범위 내에서 하고 싶은 일을 자율적으로 할 수 있도록 제발 내버려둬라. 둘째, 정부 재정지원 제한대학이나 학자금 대출제한대학 같은 부실대학은 없어져야 할 것이며 셋째, 중·고등교육 역시 대학입시 필수과목만이 아닌 특별활동·예체능 시간 확대 및 도덕교육의 강화와 전문상담선생님(학교사회복지사)의 임용확대가 필요하며, 넷째, 국가와 사회는 공무원이나 대기업만이 아닌 중소기업 근무자도 출산휴가 제도를 제대로 확보하여 자녀출산으로 인한 직장생활 중단이 없도록 해야 할 것이다.

중소기업의 생산성 향상을 위한 노력과 해외시장 확대로 고졸 전문기능인력의 채용 범위를 확대하여 청년학생들이 1%의 대기업 입사에 목매는 일 없이 마음 놓고 일할 수 있는 환경을 만들어야 할 것이다. 자녀의 건강한 미래를 위하여 '경제적 어려움 때문에'라는 핑계를 대지 말고 섣불리 가르치려 들지 말며, 부모는 잘 보여주고 학교는 건실하여 올차게 가르치고, 국가는 잘 지원하여 선진 한국을 이끌어 갈 튼튼한 주역으로 만들어야 할 것이다.

새 시대, 새 정치로 문을 여는 축복된 이 시기에 희망의 다짐과 소리를 기대하고 싶다.

경남신문 열린포럼 기사입력 : 2013-02-05

소년의 꿈

표지판 하나 없는 마른 길가에
노란 민들레꽃 땅에 누워 피었네
작은 결 속삭이는 은빛 물가
눈 세우고 앉아있는 외로운 물총새
돌고래 보고파 목 빼고 있네

벌 나비 날지 않는 외로운 길
열여덟 어린 소년 졸고 앉은 그 자리
백미 탄 어린 공주 긴 미리 휘날리니
민들레 홀씨 좋아 바람 되어 날아가네

야! 이 별 놈아!

I ~ C !
왜 아침에 해가 뜨지?
비나 좀 오지
때가 되면 꼭 밥을 먹어야 하나
집은 좋은데 식구가 싫고
하고 싶은 일이 없다

꼭 대학을 가야되나?
선생님 없는 학교
공부 안하는 학교는 왜 없지?
수업시간에 가볍게 캔 맥주 하나 까놓고
오징어 씹어가며 하면 안 되냐?
자동차 한 대씩 타고 등교하라는 법은 왜 안 만드나?
공부 안하고 선생님 없는 학교 교장이나 할까보다

에이 별 놈아!

수많은 별 중에

니가 살 수 있는 별이나 찾아 봐라

소원등(所願燈)

고픈 이에게 줄 것이 있고
아픈 이에게 고칠 힘 있으며
마른사랑에 적실 물 있었으면 합니다

기다리는 이가
반길 이 생기고
할 일 모르는 이
일 짓는 기회 찾고
없는 줄 알았던 이
길 찾아 돌아왔으면 합니다

잔잔한 남강 결에 노니는 별 같은 소원들
하늘과 땅에 젖은 혼불 되어
알알이 이루어지길 소원합니다

- 2015. 10. 진주남강유등축제-

미리 가 본 대학

학과 표시판 따라 줄지어 오른다
본관 7층
엘리베이터와 계단이 분주하다
상담실 밖 긴 나무의자에
어여쁜 천사들이 줄지어 기다린다

어린이집 교사
사회복지사
청소년지도사가 되고자 숨 조여 앉았다.
졸업 후에 기다리는 가슴 벅찬 호칭
뜨겁고 가슴 떨린
어엿한 선생님!

멋진 어머니의 옷은?

멋진 어머니의 옷은 장난꾸러기 아들놈이 흙 범벅이 되어 땅바닥에 엎어졌다 뛰어들어 얼굴을 파묻어도 포근하고 부드러운 옷이어야 하고, 누가 보아도 아늑하고 예쁜 분위기의 색상이어야 하며, 엄마랑 싸워 며칠을 삐져 있다가 콧물 눈물범벅이 된 딸의 얼굴도 잘 닦이는 옷, 남편과 싸울 때는 살짝만 잡혀도 완전히 찢겨져버리는 그런 옷, 시부모님의 눈에는 늘 단정하고 다소곳이 보이는 맵시 있는 옷이어야 한다. 올해도 여지없이 찾아든 가정의 달 5월! 어린이날, 어버이날, 성년의 날, 스승의 날이 함께 한 달이다.

행복한 가정은 건강한 부모로부터 이루어진다. 1960~70년대 이전의 어머니들만 해도 아침이면 아이들 깨우고 학교에 쫓아 보내는 소리가 온 집안을 뒤흔들었고, 대부분 본인의 의도와는 관계없이 계획되지 않은 임신과 출산으로 많은 형제자매들과 함께 태어났던 터라 열악한 환경이었을 뿐 아니라 어머니 자신도 육아에 대한 전문적 지식이 없는 너무도 평범한 여성이었기에 의·식·주 지원은 물론 가정교육에서부터 학교 교육에 이르기까지 아동자신의 뜻과 상관없는 부모의 일방적인 지도와 감독으로 이루어졌다. 그럼에도 불구하고 크게 말썽을 피우거나 사회적인 문제를 일으키는 어린이들이 적었다는 것은 얼마나 다행스러운 일이 아닌지 모른다. 물론 대가족 속에서 경제적 어려움으로 일상생활이 생리적 욕구 충족에 치우쳐 있던 시기이긴 했지만 삶의 궁극적 목적인 '행복'을 위한 가족 나름대로의 목표 지향적 생활에는 게으름이 없었던 것 같다.

그러나, 지금의 아동들은 어떤가? 한 마디로 외롭고 바쁘다. 태어나자마자 엄마의 그 따뜻하고 포근한 젖가슴과 떨어져 육아 방에서 당분간 혼자 지내기를 시작으로 어린이집, 유치원 등으로 독립된 양육이 진행된다. 눈물 콧물 범벅이 된 얼굴이나 양 소매는 콧물이 말라붙어 번쩍거리는 아이의 모습을 볼 수 없을 뿐 아니라 학교가기 싫어 떼쓰다가 빗자루 몽둥이를 든 엄마한테 쫓겨 도망가는 아이가 더욱 보기 힘든 지금이 얼마나 좋은지 모른다. 하지만, 마음 놓고 밖에서 놀 곳이 없고, 마음대로 놀 것과 친구가 없으며, 함께 재미있게 놀아 줄 엄마 아빠가 없어 외롭고 슬픈 어린이가 많다. 예전과 같이 꿩도 멧비둘기도 잘 울지 않으며, 얕은 개울물, 모래톱도 없을 뿐 아니라 작은 흙 마당 역시 찾기 어렵다. 이 따뜻한 봄날! 제비꽃과 자운영 꽃이 들판 잔디사이로 얼굴

올릴 때 사내놈들이 부는 버들피리 소리 너머로 조잘대는 여자 아이들의 쑥 바구니에 거침없이 넘실대는 아련한 봄 향기가 그립기만 하다. 어린이날이 만들어진 이후 지금 우리 아이들의 진정한 바람은 무엇인지? 어떤 환경이 적합한지 다시 한 번 챙겨 볼 필요가 있다. 먼저, 부모와 생각이 다르고 학교적응에 어려움이 있는 어린이들의 가출 문제도 심각하게 생각해 볼 필요가 있다. 가족 간의 사랑은 어머니의 깊은 희생이 만들고 유지되어 왔고, 아이는 어머니의 그 희생을 보아 왔기에 진정한 사랑을 알고 실천하는 것이다. 두 번째로, 조건 없는 사랑이다. 가족은 함께 살아가기에 사랑하게 되며 그 사랑은 무엇보다도 우선적이다. 세 번째는 끝없는 사랑이다. 가족의 영속성아래 선대와 후대가 함께 하게 되며 그 사랑은 책임으로 나타난다. 그리하여 가족은 참된 사랑을 영위하기 위하여 진솔한 소통이 반드시 따라야한다.

다음은 올바른 지도가 필요하다. 가르치기보다는 보여주기가 우선되어야 하며, 창조적인생각을 하게하며, 관심 있는 일에 참여할 수 있는 기회를 제공하고 매사에 적극적인 격려와 칭찬을 아끼지 말아야 할 것이다. 특히 아버지가 자녀에게 미치는 영향은 지대하다. 옛날의 아버지는 권위적이었기에 대부분의 가정교육은 전업주부인 어머니가 책임을 졌지만, 지금의 아버지는 자상하고 따뜻함과 동시에 친구의 역할도 함께 해야 하는 중요한 관계에 있다. 아버지는 어머니위에서 군림하는 것이 아니라 존중하고 협력하는 자세를 보여야 하며, 일상에서도 모범된 생활이 자녀의 올바른 삶의 기준과 방향을 설정할 수 있도록 도와주게 된다.

제발 어린이의 진정한 미래의 행복을 위해서라면 가정에서의 올바른 부모와 함께 하는 참된 사랑과 교육기관에서는 아동의 정체감 확립에 뒷받침할 수 있는 정책실천, 그리고 사회와 국가의 적극적 지원만이 이기심으로 차 가는 사회를, 차가워져 가는 가정을, 바래지고 식어 가는 어머니의 옷 색깔이나 질을 제대로 지키고 입히게 될 것이며, 이것이 곧 어린이가 행복하게 사는 나라! 미래가 보장되는 대한민국이 열릴 것이라 생각한다.

맞고 사는 아이

찢어진 하늘의 틈바구니에서 빗나온 생명처럼
온 데가 찢겨져 있다
내가 어버이를 찢었는지
어버이가 나를 찢었는지
몸도 마음도 영혼까지 피멍으로 얼룩지고
갈가리 찢겨져 있다

거룩한 하늘의 빛
광활한 땅 냄새
존귀한 생명의 소리까지도 믿지 않으려는 돌 아이가
이제 바른 눈으로 봐 줄 사람도 없고
오갈 데도 없다

제발 다음 세상에는
바른 마음
바른 몸에서 태어나고 싶다

계획된 임신과 출산의 중심에 앉고 싶다
추운 이 겨울
뇌성 벼락이라도 쳐 다오
번갯불 줄기타고 다시 오르련다

바보야!

너 지난해에도 왔더니
오늘 또 여기 왜 왔냐?

머리가 무겁거든 무학산에 오르고
가슴이 터지도록 아프거든 마창대교로 가봐라

눈물겹도록 보고 싶은 이가 있거든
아무 생각 말고 미쳐 나가거라

배고팠던 어제도
배부른 오늘도
희망찰 거라 믿는 내일도
모두 지금이고 오늘이니라

바보야!
지금껏 너는 가족과 함께 살아 온 것이 아니라

문제와 살아 왔고 그놈은 너를 떠날 줄 모르고
명줄이랑 같이 살 것이다

그러니 오늘 일도
별일 아니라 생각해라
늘 그렇게 속고 살아 왔으니
걱정 말고 속고 또 속고 지내거라

멘토(Mentor)의 노래

그분의 노래는 클래식도 대중가요도 아니었습니다
이른 아침 산 중턱을 뽀얗게 드리운 안개 띠
힘들게 올라 내려다 볼 수 있는 자리는
높은 절벽과 그 위의 소나무였기에
해가 뜨고 안개가 걷히도록 기다려야 했습니다
그 시간은 매우 무더운 날씨였습니다
땀이 흐르고 숨이 턱 밑을 치며 머리가 흔들렸습니다
더욱이 앞은 잘 볼 수 없을 정도로 어지러운 등산이었으나
거기에는 이미 다른 이가 서 있었습니다
그래서 멘토는 말합니다
할 수 있을 때 미치도록 하되
진정 네가 하고 싶은 재미있는 일을 하라고!

어쩌라고?

간밤이 피곤해 아침 눈이 안 떠는 걸
뉘라서 날 깨워 업겠나 걸리겠나
맞지 않은 입맛인데 쉰 김치 국 먹으라면
옥수수 콘프레이크 어디다가 숨길꼬

목적지 가는 길 아는 이 없으니
뭘 타고 가야 할지 누군들 알겠는가
눈과 마음 모두 막고 들은 대로 그려보니
얇은 화선지에 배이 나온 그림은
반세기 전에 가신 할아버지 고향

밥상보다 밥을 찾아라

고픈 배 움켜지고 딴 생각 하지마라.
무엇이 너의 배를 고프게 하는지 찾아라.
밥이 생기면 어떻게
어디서
무엇에다 차려 먹어야할지는 생각하지마라.
땅바닥이면 어떻고 신문지 위에 놓고 먹으면 어떠냐?
단지 무엇으로 어떻게 밥을 지어야 할지만 생각해라.

식구가 많다고 한탄하지 마라.
그 식구 하나하나는 대단히 소중한 이들이기에 그 값을 톡톡히 해낼 것이다.

지금 네가 앓고 있는 마음의 병 누구의 소행 때문인지 알려고 하지마라.
모두가 헛것이기에 산 중턱에 걸린 구름 불러 데려가라 하고 스치는 바람에 귀띔하여 딸려 보내라.

하늘이 머리 위에만 있는 것으로 믿고 있으나 네 발 근처에도 있다.

거기에는 키 작은 풀잎과 아지랑이가 핀다.

발밑에 깔린 하늘을 보고 발로 걷고 팔로 저으며, 웃음과 머리로 열심히 일 해라.

한 밤이면 너 혼자 잔다는 사실을 아직도 깨우치지 못했냐?

너 가 갈 길에는 너밖에 없다.

밥에는 먹는 것과 보는 것 그리고 느끼는 밥이 있다.

먹는 밥은 노동의 결과 이고

보는 밥은 분별의 형상이며

느끼는 밥은 양심(良心)과 덕(德)의 여유다.

때문에 늘 공부하고 덕을 쌓는 것이 우선이다.

해가 갈수록 내 주위에는 사람이 적어진다.

왜 적어지는지 알고 그 속에서 밥을 찾아라.

내일도 새 해는 뜬다.

깊은 밤 되기 전에

짊어진 짐 내려놓을 날이 언제쯤일지
그날은 춤추고 노래해야지

걸어온 길
지나친 시간 모두가 거짓이었기에
아직도 그 짐을 내리지 못하지 않았는가.

가도 가도 끝없는 듯
그 길 좁아져 가네

높은 나무 가지에서 울던 새도
가파른 오르막길에 솟은
나무 등걸 돌부리도
오르는 이의 등 뒤에서 헛웃음 친다

그래도 가자

보내는 이의 마음
기다리는 이의 마음 모두가 한 마음이거늘
꿈도 기대도
부푼 희망도 모두
구겨진 편지 봉투에 넣고 걷자

아가야
에미야
에비야 배고파 히덕일라
지는 해 원망 말고 서둘러 걸어라
늦은 달뜨기 전에
춤추고 노래해야지

님의 혼

휘감겨 오르는 먼 하늘
그대 모습 감돌기에
오늘도 님의 속삭임 귀에 태워 봅니다

된서리 맞은 어느 고구마 밭에
나뒹구는 차돌처럼
시퍼렇게 질린 기겁!

양지쪽 비탈
아카시 덩굴 밑에서
지르는 통한의 소리!

놀란 토끼처럼
오늘도 가슴 뛥니다

초가마당 거름무덤에서

태초의 가슴 끓어 올리는 뽀얀 김!
푸른 잎 곰삭혀 누렇게 찌듯
지금 내가 그렇게 되어 갑니다

얼마나 보고 싶기에
얼마나 듣고 싶기에
얼마나 그리기에
아련히 돌아 감는 님의 혼을 말입니다

- 2008년 5월 췌장 수술을 마친 첫 산보 길에서

고맙다!

세찬 파도에 밀려든
수많은 알갱이
편안히
들게 하여 고맙다

든 자리에 발 내려
숨 쉬게 하고
한 송이 꽃 피워
열매 맺게 하니 고맙다

들고 나는 이
미소 짓게 하여 더욱 고맙다

가는 길

깊은 고민의 길에
갖가지 꽃이 핀다
장미꽃, 달맞이꽃, 우각선인장 꽃…

길 따라 가는 이
한 마음이기에
스치는 바람결에 사랑노래 스친다

달콤한 향기에 취해 갈 길 잃고
꾀돌이 여우 만날라
손전등 들고 떠나라

- 2012.12.17..월요일 2학기 기말고사 감독을 마치고

3

편한대로 살면

풀결

포근한 숨결 귓전에 깔고
맑게 내린 물줄기
쉼 없이 빨아 올린
앳된 몸짓

하늘 갈라 내린 햇살
가슴에 품어 안고
찬 서리 앞세우고
은구슬 머금은 채
부드러운 바람결에
푸른 결 퍼져 가네

잡으려고 하다가

보고 싶었던 사람, 오면 좋은 사람, 가서 만나고 싶은 사람이 왔다. 반가움이 뜀박질하여 두 사람이 한 길로 내 닫는다. 오래 전 굉장한 추억이 있었던 시골 파출소와 작은 저수지 옆을 지나면서 토해내는 웃기는 이야기들이 짙은 숲길 골바람에 흐느적거리며 늘어져 앉는다. 어느 해 친구랑 선배 몇 명과 함께 자주 어울렸다. 크게 바쁜 일이 아니면 자신의 일을 제처 두고 관여해 주며 상부상조 하던 때, 토종닭 백숙 생각이 났다. 날씨가 더워 시원한 소나무 숲 아래에 자리한 식당이라 가끔 찾던 집, 그날도 여전히 몇 명이 둘러앉아 맛있게 먹고 난 후 밥값 내기 고스톱이 벌어졌다. 역시 늘 잃는 사람은 정해져 있었기에 시간은 얼마 걸리지 않아 귀가하게 되었는데, 아니 바로 그 식당 아래 조그마한 연못, 그 연못은 신도들이 가끔 고기를 방생하는 연못이기도 하다. 그런데, 가로등 불 빛 아래 물 위로 시커멓게 줄지어 떠다니는 잉어 떼에 눈을 의심하지 않을 수 없는 사태가 벌어졌다. 일반 자연산 잉어는 통통하고 길이가 길지만, 이놈들은 밀도가 높아 먹을 것을 적게 먹었는지 대가리만 크고 몸집은 얇아 마치 바닷고기 도미처럼 생겼었다. 갑자기 그 상황이 안타깝기도 하고 즐겁기도 한 마음에 엉뚱한 마음을 먹기 시작한 동료 선배들, 그날 이후 그 식당에 자주가게 되었고 드디어 주인아주머니에게 어느 날 우리가 거사를 벌일 때에는 망을 봐 주기로 하고 가슴 설레는 일을 시작 했다. 우선 고기잡이 친구에게 부탁하여 잉어 잡는 그물과 작은 함석 한 장짜리 배를 타고 투망하려 했더니 함께할 구경꾼이 보통 때와 같이 자연스럽게 모여 들었다. 해질 무렵 고기잡이 친구가 그물을 치고 있는 순간 승합차 지붕에 작은 경광등을 빙글 빙글 돌리며 다가 온 경찰아저씨의 말 "여보세요! 거기 지금 뭐하고 있어요? 빨리 나오세요!" 하는 말에 놀란 고기잡이 청년은 치고 있는 그물을 그대로 두고 나왔으며, 작은 연못 둑에서 구경하던 놀란 사람들, 몇 명을 빼고 다섯 명이 당시 그 지역 지서로 연행되어 갔다. 한 명, 한 명에게 자신이 타자를 친 조서를 읽고 틀림이 없으면 지장 찍으라는 지시가 있었다. 이에 네 명은 지장을 다 찍었는데 마침 한 선배는 경찰이 만든 조서내용을 일부 수정해 달라고 건의 했다. 수정할 내용은 "~고기를 잡다가"를 "잡으려고 하다가"로 고쳐달라는 이야기였다. 그것은 틀림없는 내용이었다. 당시 그물을 치다가 그만두고 저수지 밖으로 나와 경찰차에 탔으니 말이다. 그 말을 들은 지서장 왈 "당신들 직업이 뭐요?"라고 돌아가며 물었다. 일동 '농업'이라고 했더니 고개를 갸우뚱거렸다. 우리는 얼마나 웃음이 나오려했는지 모른다. 농업은 농업인데 나름 우리면내에서는 고기잡이 친구와 필자를 빼고 모두 유지들이었으며, 특히 조서를 수정해 달라는 선배는 머리가 좋아 수첩에 적는 일이 드물 정도로 암기력이 뛰어난 사람이었다. 고등학교도 당시 우리지역 최고의 명문고에 다녔었다. 지서장님에게 잘못을 사죄하고 그 직후 빨리 귀가시켜달라고 했더니 거부했었다. 그리하여 내가 다른 제안을 했다. "지서장님! 지금쯤 많은 고기가 그물에 걸려 거의 다 죽을 수 있습니다. 그물을 걷어 나오라 했어야 되는데 치던 그물을 그대로 두고 나오라했으니 그 책임은 지서장님이 져야 할 것입니다"라고 했더니 다소 당황하는 모습이었고 "신고한 민원인이 있어 조기 귀가는 어렵고 자정이 넘거든 그물 걷어서 귀가하라"고 하였다. 근데 우리를 신고한 사람은 그 사찰에서 고시 공부하는 학생이었다고 했다. 그 이튿날 우리 중 대표로 선배 두 사람이 주지스님을 찾아가 사죄의 말을 고한 뒤 무사히 사건이 종료 되었다. 비록 몇 년 동안 "잡으려고 하다가"라는 별명이 붙기도 했지만, 문장 하나하나 글자 한 자 한 자가 진실을 지키는데 미치는 영향이 크다는 것을 알았고, 지금은 평생 잊을 수 없는 이상한 추억이 되고 말았나. 이런 추억을 오늘 나를 찾아 온 여동생의 남편은 당시에 알고 있었기에 새삼 흥미 있게 이야기 할 수 있었다. 당시 그 사찰을 가로질러 오르는 길은 많은 지역 사람들의 쉼터였고 소나무 고목이 짙게 자생하고 있는 솔 향이 코끝을 스치고 새소리가 끊이지 않는 조용한 산길이었다.

거기가 여기일 줄이야

여기가 거기이고
거기가 여기이며
그 때 그 추억이 여기에 있고
여기 있는 그이가 그때를 알게 되니
이 또한 즐겁지 않을 수 있으랴
나 오늘 여기 오지 않았으면
짙은 추억 하나 지울 뻔 했네
고맙다
내 사랑하는 매제야

차가 오른 산 중턱 삼거리길!

뜻밖에 거기에는 파라솔 두개와 등받이 없는 의자 몇 개가 놓여 있었고, 손 두부랑 도토리묵을 안주로 하여 막걸리를 먹을 수 있도록 준비된 작은 이동식 휴게소가 있었다. 낮은 산이지만 등산객이 제법이라 심심찮게 찾는 손님들이 있었다. 마침 싸리버섯도 채취해 두고 판매하고 있었으며 고향 선배들도 하산하는 길이라 함께 할 수 있어 기분 좋은 시간이 되었다. 내가 병들기 전에 늘 왔던 곳이라 친근감 있는 산길!

새로운 추억은 또 오겠지만, 잃어버렸던 갖가지 추억들 중 마침내 오늘 "잡으려고 하다가"를 되새기게 되어 하산하는 귀갓길은 덧없이 즐거웠다.

일상(日常)

오늘도
어제와 같은 그림인데
행여 달라질까
또
내일을 그리는 바보

자유

아침에 일찍 일어나는 사람을 욕하고 싶다
'특별한 일도 하지 못하면서'라고

아주 편안한 옷차림으로 돌아다니고 싶다
'어디에든'

노래방에서 혼자 진종일 목 터져라 부르고 싶다
'음정 박자 아무것도 지키지 않는 그런 노래를'

어느 깔끔한 분위기에서 독한 술 실컷 마시고
푹 쓰러져 자고 싶다
'주인 없는 탁자에 엎드려 차가운 한(恨)토하면서'

긴 머리 텁수룩한 얼굴에 핏대 올려가며
찬란한 무대를 점령하고 싶다
'이렇게 사는 것이 잘사는 것'이라고 외치면서

억세게 부는 비바람 찬 날 젊은 바닷가로 질주 하고 싶다
부서지는 파도 앞에 '뚜껑 없는 차를 타고'

결국은 사랑하고 싶다
미치도록 좋아하지만 '아직도 못 다 이룬 뜨거운 사랑을'

이것이 '자유'라면…

비련(悲戀)

흐르는 음률마다 같은 결 없어
헝클어진 밤
쪼개진 나이테에
용솟은 옹이
눈독 올려 내려친 도끼날
용케도 비킨다

떠나간 님
다시 돌아올까
내린 커텐 위에 두꺼운 이불 덮는다

낙동강의 밤

천리 길 멀다 않고 발 뻗어 내린 그 곳
칼바람 서리되어 모래톱 스칠 즈음
복 지으려 가는 길 외로운 나그네

이쪽과 저쪽이 혼돈되는 시간이라
광년의 먼 세상 꿈 실어 그리면서
발원지 황지연을 잊은 채 앉았구나

사랑방 풍경

사랑방은 원래 남자가 나이 들어 쉰 살이 넘으면 중간 담뱃대와 재떨이 심지어 밥상까지 내려다 바쳐 그 때 부터는 아내와 남편이 각방을 쓰는 방이었다. 잘사는 집은 사랑채에 방이 두 개가 따로 있어 하나는 주인양반이 쓰고 다른 하나는 머슴이 쓰는 방이었지만, 온 동네 사람들 누구든지 편하게 찾는 방이었다. 동네 갖가지 뉴스거리는 대부분 여기서 듣기도하고 만들어져 나오기도 한다. 또한 머슴살이 주인집 꼬마 아이의 나쁜 버릇부터 젊은 처녀총각의 연애담은 물론 늙은 시어미의 노탐까지 없는 것이 없을 정도로 번잡하고 재미있다. 뿐만 아니라 비 오는 날의 사랑방은 새끼 꼬는 방이기도 하지만 한쪽 편에서는 먹거리 판이 벌어지기도 하고, 장기, 바둑, 윷놀이는 물론 먹고 내기 화투판도 가끔 벌어진다. 한마디로 소탈한 남정네들의 벽 없는 방이었다.

어쩌다 동네 결혼식이나 회갑잔치가 있는 날에는 밤새도록 담배연기로 꽉 찬 방에 호롱불이 꺼지지 않는 날이며, 대사가 있는 집에 단자를 쓴다고 야단법석이 일어나기도 하지만 이를 통해 결혼문화와 어른 섬기는 사상을 배우고 터득할 기회가 제공되기도 한다.

이렇게 다양한 놀이나 사건들이 일어나는 사랑방에서 크게 자리 잡고 있는 생활상식을 보면 대부분 남자들이 하는 농사일로서 농업과 살림살이 기술은 선험자인 어른들로부터 전수되고 있었기에 과거의 어른들은 존경받을 수밖에 없었다는 것을 볼 수 있다. 하지만, 안타까운 사실은 외부에서 영입되는 사회적, 교육적, 경제적, 문화적 정보들은 전달 받을 수 있는 사람들의 왕래가 거의 없다는 사실이다. 학력이 높아 도시에서 취업하여 생활하고 있는 사람들은 짧은 고향 방문기간에다 부모형제만 잠깐 상면하고 떠났기 때문에 진정 가족이나 친지, 이웃에게 양질의 정보를 전달하거나 경청할 기회는 희박했다. 한마디로 농촌과 도시는 철저하게 구분되어있고, 가족 간의 이로운 정보들도 듣는데 까지 걸리는 기간이 오래 걸려 실제로 활용할 가치는 떨어졌던 시대가 당시의 환경이었다.

이렇게 정보가 어두운 사회에서 드물게도 농업만을 고집하지 않고 자녀들에게 심혈을 기울여 교육시킨 가정에서는 성공할 수 있는 정보나

길을 나름 터득하여 그 노하우가 가족이나 형제들에게 잘 전달되어 '따라하기' 법으로라도 실천하여 노력한 큰 대가를 일컬어 '개천에서 용 났다'는 말이 생겨나기도 했다. 과거의 사랑방 풍경은 어둠 속의 무지와 외부와의 차단이 인간이 살아가는데 미친 영향이 얼마나 컸다는 것을 알 수 있는 한 단면이기도 하다.

동태 잡는 날

빈틈없이 붙어 자는 잠충이들
차고 질긴 방 찢어 걷고
두들겨 깨운다

깊은 바다
함께했던 식구들
낱낱이 흩어진 애달픈 몸짓
쪽빛 내음 아낌없이 뿜어낸다

터질 듯한 몸매
민물에 목욕하고
햇빛여행 끝내는 날
맑은 소주잔에
고추장 가운입고
태평양 그리겠지

그럴 것을

축담 끝에 걸터앉아 훔친 콧물이
고무신 타고 흘러 실어 온 사랑
혈육의 파도에 얽매였었지

나이테 가득 그려 문양 낼 즈음
효도도 원망도 안개 되어 사라지고
쳇바퀴 둘러쓴 채 한 띠를 넘겼네

고독의 돌다리 건너지 않으려
만 가지 명분으로 허우적였지만
결국은 두고두고 홀로 갈 것을 …

오늘도 여기 왔네

몇 번이고 여기!
님 앞에 섰으나
맘 없이 서 있었고

먹구름 드리운 날
흰나비 날개 짓에 이끌려
어렵사리 왔건만
눈만 따라 오게 되었고

오늘은 빈 마음
아지랑이 손짓에
그대 생각 지울 수 없어
바람 햇살 양손 잡고
걷고 걸어 여기 왔네
–먼저 간 님 앞에서

매화

가지런히 뻗은 가지
누구의 손길인고
품격에 금갈세라
가지마다 다듬었네
맑고 고운 그대 마음
올 봄에도 피웠구려

작은 하늘이야기

찌는 더위 속에 산길을 따라 오르다가 흐르는 땀을 주체할 수 없어 소나무 숲 아래로 찾아 든다. 얼마 오르지 않은 산이지만 날씨 탓에 많은 사람들이 중간 중간에서 숨을 고른다.

가지고 간 오이랑 과일을 앉은 자리에서 쉼 없이 먹다가 우리를 보고 멈칫한다. 못 버릴 걸 버리려다 그러는가 보다. 과일 껍질은 버려도 괜찮은데…. 우리 부부가 가까운 산을 오른 시도 비록 일주일에 한 번 정도이나 제법 오래다. 늘 지나가는 날들이고 달이지만 한 해를 넘길 때마다 아쉬움은 있기에 금년만은 그 아쉬움을 남기지 않기 위하여 노력 중이다. 내가 산을 좋아하는 이유는 몇 가지가 있다. 먼저 산은 같은 땅이지만 높다. 그리고 그 높은 곳에서도 함께 살아가는 이들에게 많은 볼거리와 느낄 거리는 물론 먹을거리들을 준다. 맑은 공기는 물론 배 채울

것들 까지. 길짐승이나 날짐승 또는 계곡물 속에 사는 헬 것들은 물론 나무 껍데기 속에 기생하는 벌레들이나 산 흙속에서 살아가는 동물과 생물체들 까지도 제공 받는다. 제아무리 높이 나는 새라 한들 제대로 먹이를 먹고 산란을 하고 생명을 이어가기 위한 활동은 산의 품이나 아래에서 이루어지기에 말이다. 또 다른 이유는 어떤 종류의 생명체든 거부하지 않고 껴안아 보듬는다. 뿐만 아니라 산은 자기를 낮추고 희생할 줄 안다. 비바람이 불고 눈보라가 치고 얼음이 얼어도 그들이 하는 짓들을 모두 받아들인다. 무너지고 일그러지며 굴러 내리고 뒤집어지고 불에 타 그슬리기도 한다. 산은 작은 하늘이다. 우리가 살고 있는 모든 곳에는 하늘이 함께한다. 얼마나 큰 하늘인가? 이 세상 모래 알 만큼이나 되는 수많은 별을 품안에 띄워놓고 있다. 그 중의 작은 위성인 지구 하나만 보더라도 사철 빙하로 덮인 8,868미터의 에베레스트를 세워 두고, 물속에는 갖가지 어패류와 수중생물들과 함께하며, 몸무게가 수 십 톤이 되는 고래도 키워 왔고, 지난 해 까지만 해도 237개국의 66억7천만 명의 인구가 살고 있으며, 동물의 종만 도 약100만 종이 이 지구상에 살고, 내가 앉아 있는 자리 주위는 물론이고 심지어는 잠자리에 드는 이부자리 속까지도 하늘은 존재하니 이를 본 딴 것이 바로 산이라 나는 더욱 좋아 한다. 이것이 바로 작게는 가정 살이 이기에 산에서 참다운 삶을 배운다.

비 온 뒷날 휴일을 만나면 산에 가기가 불편할 것 같아 창문너머 비치는 소나무 숲을 물끄러미 보고 있는 순간 한 번씩 울어대는 놈이 있다. 멋지고 예쁜 목소리로 여름날 농부의 낮잠을 달콤하게 만드는 뻐꾸기란 놈이다. 이놈은 양심도 없이 낯 짝 두껍게도 개개비 · 멧새 · 노랑때까치 · 붉은 뺨멧새 등의 둥지마다 1개씩 알을 낳아 새끼 키우는 일을 맡긴다. 열흘정도 되면 먼저 부화 되는데 이 때 놈은 다른 알들을 밀어내고 1~2일 만에 둥지를 독점하여 20~23일간 다른 새의 먹이를 받아먹고 자란 후 둥지를 떠난다. 둥지를 떠난 후에도 일주일 이상이나 먹이를 받아먹는다. 한 개체의 암컷이 12~15개의 알을 하나씩 남의 둥지에 낳는다 한다. 어미 역할도 상상을 초월하게 하는 이런 파렴치한 놈도 산은 아무런 대꾸 없이 보듬는다.

어릴 적 일이다. 당시에는 초등학교를 졸업하고 나면 대부분의 동네 여자 친구들은 중학교 진학을 하지 않고 농사일을 거들거나 남의 집 식모로 간다. 우리 집에도 예외는 아닌 것이 할아버지가 엄하셨을 뿐 아니라 가정형편도 어려워 동갑내기 고모가 집에서 긴 머리를 땋으며 할머니랑 사는데 하루는 나무하러 나간 사람이 나무는 해 오지 않고 맨발로 뛰어 들어오면서 하는 말이 "호랑이 한 마리가 죽어 있기에 산 아래까지 겨우 끌어내려 놨는데 빨리 가자"며 급하게 나를 끌고 갔다. 가 본즉 나 역시 처음 본 동물이라 무섭기도 하고 예쁘고 신기하게 생기기도 했는데 모인 어른들이 보고는 밤마다 동네 닭장이나 토끼집은 물론 심지어는 갓 난 염소새끼가 있는 마구를 누비고 다니며 몇 마리씩 물어 죽여

놓고 물고 가기도 하는 '삵괭이'란 놈이란다. 이놈도 역시 지금껏 제 멋대로 살아오도록 내버려두지 않았는가. 인간이 태어난 이후 수천 수백회의 싸움 때도 피아를 막론하고 온 몸 내줘 숨어 싸우도록 했는가 하면, 인간의 탈을 쓰고 저질러서는 안 될 파렴치한 살인행위까지도 대범하게 모른 척 한 그런 산!

그러나 눈에 보이지도 않는 미생물에서부터 큰 거목에 이르기까지 모두를 한 품에 안고 살아오면서 가슴 깊이 새기는 마음은 있을 것이다. 먹이사슬에 얽묶여 살아가는 생명체의 한없는 살이를 탓하지는 않겠지만 후손을 양육하고 이웃에게 누를 끼치지 않는 자연의 법칙에만은 순응하라고 할 것이다. 바람이 있는 곳은 바람이 살게 해야 하고, 물이 있는 곳은 물이 자연스럽게 흐르도록 해야 하며, 화산이나 지진이 있는 곳은 거기에 따라야 하며, 얼음이 얼어야 할 곳은 그대로 얼어 있도록 내버려둬야 한다. 이를 사람이 막으려고 억지로 흐름을 방해하거나 훼손하면 자연은 용납하지 않을 것이며 결국은 큰 재앙이 따르는 것을 보아왔다. 나는 30대 젊은 시절 겨울 아침이나 오후가 되면 가끔 공기총으로 꿩 사냥을 나가곤 했다. 아침나절을 돌아다니다 보면 꼭 한 두 마리는 잡아 와서 몸이 불편한 생질녀를 위해 약으로 쓰기도 하고 식구들의 밥 반찬으로 즐겨 한 적이 있는데, 늦은 봄 산 밑 언덕배기에 앉아 입에 문 벌레를 땅에 떨어뜨렸다 다시 물었다 하며 새끼들을 꾹꾹거리며 불러 모아 훈육 시키는 어미 꿩의 애정 어린 사랑을 보고 총을 반납한 적이 있다. 젖 뗄 무렵 어미 산돼지가 새끼에게 고구마 밭이랑을 양보하지 않고, 어미고양이가 새끼 고양이에게 잡은 쥐를 공중으로 던지고 얼리며 뒤집고 놀다가 평소와는 달리 자기가 먹으려고 으르렁거리는 모습은 곧 새끼들에게 '자립심을 기르는 좋은 짓'이라고, '잘 가르치고 있다'고 산은 미소 지을 것이다.

산을 오르내리는 사람들 중에는 어린 아들 딸을 데리고 다니는 사람들이 있다. 아이 어른 할 것 없이 한 사람 한 사람은 우주공간의 별 하나 하나와 같고, 산마루에 솟아 있는 한 그루의 그 어떤 나무보다 더 귀하기에 하늘에서 내리는 태양 빛을 한 줄기도 거르지 않고 받도록 해야 한다. 솟아나는 샘물을 더러움 없이 먹도록 도와야 하고, 흘러가는 맑고 아름다운 공기를 마음껏 들이키도록 깨끗한 환경으로 물려 줘야 한다. 오르고 내리는 산길이 아무리 험하다 할지라도 자신만이 오르고 내릴 수 있는 길은 없기에 살아 움직이는 생명체의 갈 길과 할 일과 살 짓에 방해해서는 안 될 것이다. 제아무리 유명하고 부를 누리고 똑똑 하게 사는 사람이라 할지라도 모두가 하늘아래 살고 있거늘, 자신의 안녕과 부귀영화만 알고 혈육을 모르고 가족을 모르며 이웃을 모르는 살이로 살아서야 되겠는가?

산은 가르친다! 밤은 어둡기에 힘을 아껴 모우는 기회로 삼으며, 얼굴을 볼 수 없기에 새롭고 따뜻한 마음으로 새기라고. 낮은 밝으나 못 볼 것이 보이고 허욕이 생기기에 이를 잘 다스릴 수 있는 본보기로 비바람이 오는 날에는 나뭇가지 뒤흔들어 날짐승과 길짐승을 움츠리게 한다.

혼신의 힘으로 용솟아 오른 아름다운 꽃 봉우리도 흐름에 어울려 뼈 아리게 한 닢 한 닢 날려 보내다 힘들면 송두리째 비바람에 맡겨버리는 모습을 보인다.

산이여! 하늘이여! 이 작은 가슴 속에 아직도 머뭇거리고 있는 작은 욕심을 지울 수 있도록, 인간으로서 진정 제할 일이 무엇인지 제대로 알 수 있도록 낙낙 장송 푸른 솔바람에 기별실어 보내렴.

산아 !

천지개벽에 찢기고 무너져도 말 없는 산아!
끓어오르는 검붉은 피를 토하면서까지
웅장과 아름다움을 지키는 산아!
첫 단추만 열어도 지울 수 없고
도려낼 수 없는 추한 아픔도 많지만
하늘과 바다에 소리 없이 고한 채
오늘도 저렇게 미소 짓고 앉았구나

보고 싶어라

젖내 나는 뽀얀 살
밥풀 묻은 붉은 입술
뒤뚱거리는 걸음마 뒤에 매달려
춤추는 귀저기가 걷히니
보채기만 하던 그 얼굴이
보고 싶어라

팔베개 한 채 어미 한쪽 귀 꼭 붙잡고 자던 그 때가
옆으로 누워 보면 더욱 예뻐 보이던 얼굴
젖낸지 밥낸지 살포시 벌린 입가에 흘러내리는
맑은 침 줄기가 보고 싶고
어느 날 꿈 속 까르르 웃으며 마루를 뛰쳐나가던
통통한 뒤꿈치가 보고 싶어라

하늘이 지고
땅이 접히기 전에

꽃이 지고 눈 내리기 전에
혼자라도 괜찮다
깔깔한 지폐 몇 장 꽃봉투에 넣어 둔지 오래니
예고 없이 달려와 다소곳이 절하는 네 모습이 보고 싶어라

기다림

그리움이 기다림 되어 올 때
뜬 마음으로
지그시 걸음을 뗀다

짙은 구름 한 줄기 비되어 쏟아질 때
번쩍이는 생각이 하늘을 쪼개고
빈 하늘과 찬 하늘 사이에서
갈 곳 몰라 헤매는 철 잃은 새의 날개 짓
정적을 목도리하고 질주하는
KTX의 붉은 댕기머리를 움켜잡는다

부르고 싶어도 부를 수 없고
전하고 싶어도 알릴 수 없으며
찾고 싶어도 알 수 없는 곳에 있기에
그저 넘쳐흐르는 봇물 위로 뛰어 오를
물고기만 기다리는 물총새 신세라

해질녘 바람에 흔들리는 풍경처럼
아린 가슴 눈에 묻은 채
어제도…
오늘도…
내일도…
스치고 지나갈 택배 차량
눈으로 찍으며 지켜보고 있다

가면, 올까?

피는 꽃 지는 낙엽
뜨고 지는 해
그토록 아름답고 웅장하건만

탄생과 소멸을
한 터에서 지켜보는 날
소리 없이 웃고 울던
그 때를 그린다

언제 올지 모르고 떠나는 님
빛바랜 얼굴 목멘 소리로
가거든 또 오라고
소리
소리외치며 손 짓 한다

수박서리

믿고 믿은 수박 밭에 꽃나비들 앉았구나!
일바지 가랑이에 수박 가득 넣고서는
목덜미에 걸쳐 메고 태연히 걸었는데
나중에 알고 보니 남의 밭을 습격 했네.

어둠이 짙게 깔린 방천 뚝 한쪽에 게슴츠레 숨어 있는 15살 어린 소년. 몇 살 위 동네 형이 시키는 대로 수박밭 주인 오는지를 망봐달라는 명령에 꼼짝 못하고 모기에 뜯겨가며 지키고 있었다. 한참 만에 어리석은 멍청이가 본 것은 대 여섯 명의 처녀들이었다. 우리 동네 산 넘어 있는 처녀들인데 그날 밤 수박밭에 든 것이었다. 내용인즉슨 동네 형이 우리 동네에서 제일 무서운 아저씨의 수박밭을 그 아가씨들에게 자기네

밭이라고 속이고 마음 놓고 따 가라는 말만 믿고 찾아 온 손님들이다. 모두가 안전하게 따 갈 때 까지 어린 두 철부지는 꼼짝없이 보초병이 되고 만 것이었다.

"아요! 아요! 누가 나오는거 아이가?" "조용히 좀 해라 아무것도 아이다. 할배 오줌누로 나오는갑다" 아무것도 아닌 게 아니라 진짜였다. 후래쉬 불빛이 휙 비치더니 "거 누고? 너들 뭐하노? 일찍 집에 가서 자아라! 그리고 가다가 우리 수박밭 단디 보고 가라 누가 따 가는지 알았재?" 하시며 방 안으로 들어 가셨다. 나는 수박밭 주인 집 앞에서 보초를 서고, 그 뒤 중간지점에서는 이웃 동갑내기가 망을 보고 있는데, 수박밭 방천 위에 앉아 있는 동네 형은 너무도 태연하고 당당하게 말을 하고 있었다. "아이 가순아들아 ! 몸빼 바지에 들어갈 만큼 실컷 넣어 가라 우리꺼니까 괜찮다" 아마 한쪽 가랑이에 두 개씩은 따 넣었나 보다. 어두컴컴한 밤에 보이는 뽀얀 다리들은 분명 맨살이었다. 속옷만 입고 몸빼(일바지)에다 수박을 넣어 둘러메고 달리는 처녀들 뒤를 따르는 동네 형과는 달리 멍청이 두 놈은 수박 맛도 못 본 채 입맛만 다시고 반대편 집으로 터덜터덜 돌아가고 있었다.

이튿날! 온 학교가 발칵 뒤집히고 우리 둘은 잡혀가서 늘어지도록 혼줄이 났으며, 그 형은 며칠을 보이지 않다가 자기 아버지가 크게 변상해 준 듯 한 배짱 좋은 수박서리였다. 요즘 같았으면 콩밥 제대로 먹었을 것이여!

달비

엉덩이에 걸린 빨간 댕기
가는 총각 눈 홀리고 오는 말에 귀 세우며
눈동자 불거질 듯 동백기름 발라 땋아
참빗 걸어 내려 달비 장수 마음 사네

대청마루 걸터앉은 효심 깊은 저 처녀야
놀음 돈 보태 달라 떼쓰는 아비 말에
귀 못 막고 말 못하고 가슴 뜯어 내린 결정
백 솥 살까 양푸 살까 망설이다 빼앗긴다

헛손질 할 때마나 흐르는 눈물방울
얼레 빗 사이사이 흐르는 머리카락
해 이고 떠나가는 멍청한 내 청춘아
이 머리 길 때까지 안부조차 묻지 마라

외로운 날이면

외로운 날이면
컴퓨터 앞에 앉습니다

수많은 얼굴
걷잡을 수 없는 생각
자판에 새겨진 망치로
머리를 칩니다

외로운 날이면
노래를 듣습니다
오래된 함지박에
깨어진 곡들을 비벼 듣습니다

외로운 날이면
시를 씁니다
무의미한 추억

한 줄 한 줄 찢어 씁습니다

외로운 날이면
술 마십니다
안주 없는 독주
소리 없이 넘깁니다

오늘을 잃고 내일을 얻을 때까지

낙락장송(落落長松)

늘어진 가지마다 겹겹이 엮인 세월
갖가지 곡절 넘어 찬 시련 삭혀내고
춘하추동 푸른 절개 꼿꼿이 지켜오니
송홧가루 향기 따라 찾아 든 학 한 마리
뒤따르는 짝 잃을까 목청 높여 부르네.

자연색(自然色)

하늘 빛 깊은 터에 빠진 물(色)은
거짓을 모르고
땅 위 널브러진 초목엔
수많은 이야기가 있으며
바다 쪽 빛 아래 그려진 그림에는
액자가 없네
이 모두가 무지개이기에

중신애비

1. "아이고~ 아무개야 ! 니 딸 그 집에 치우면, 등 따시고, 배부르다. 머슴아 일 잘하고, 담배는 몬 풋고, 술은 쪼끔 맛만 볼 정도고, 시에미 될 사람 이해심 많고, 시애비 될 사람은 법 없어도 살 사람이고, 올매나 좋은데 단디 함 생각해 보고 속히 기별해라. 늦으모 그 사람 떨궂는다" (참 그 중신애비 대단한 카리스마다.)

2. "그라고, 그 동네 아무거시를 잘 아는 사람한테 연줄을 대서 알아보라모! 내말이 맞나 안 맞나. 그 집 소 마구에 가 봐라. 큰 산덩이만한 황소가 두 마리나 된다. 거기다가 총각도 나무랄데 없으니 중신채나 톡톡하이 준비해라. 너거 쪽이 너무 기울어 내 입장이 말이 아이다 마는, 아는 안면에 우짜근노? 내만 믿고 아무소리 말고 딸을 그 집에 심어라."

3. "아요! 아요! 아이다! 총각이 키가 작다 캐도 자기 아부지가 살푼 작아 보이지 머슴아는 저가부지 보다 약~간 크다. 그라고 남자가 속이 차야지 키만 멀대 같이 크면 뭐하노? 심성 좋고 대가 차야지 안 그렇나? 쓸데없는 소리 하지마라 하기 싫으모 말아라! 다른데 이야기 할란다."

4. "아이구야~! 그래 맞다! 배필이 거기 있었네? 쯔쯔쯔… 하~모 ! 그 집 하고는 잘 파했다. 어디 머슴아가 없나? 내가 지금 말하는 데는 니가 고르는 셋째 아들에다 직장은 펜대 잡는 데란다. 월급도 그냥 괜찮고 빨간 날 놀고 밤에 잔업하모 수당이 많단다. 아~무 걱정 없이 살끼다. 아참! 말은 바른 말이지 그 총각이 다른 거는 다 좋은데 한 가지 험이 있기는 하다. 공장에서 직공들 일 가르치다가 둘 째 손가락을 좀 다쳤단다. 그거야 뭐 사는데 아무 지장 없잖아" (다친게 아니고 없는 걸? 펜대 잡는다더니 밤에 잔업은 뭣이며 일 가르치는 것은 뭐지?)

5. "총각이 한 쪽 부모가 없다며?" "응~ 근데 시애비 없는 거는 괜찮다. 그집 시 애비는 술을 먹었는지 아닌지는 모르지만 술 먹고 개구신 짓 하는 시애비라면 없는게 더 낫지~" "홀어미 밑에 큰 자식이 좀 그렇지 않나?"

"무슨 소리 하노? 양부모가 있는 것이 그렇게 좋으면 스무살 짜리 총각을 찾아 봐라! 치워라 고마!" 하고 눈을 깜박거리며 치부책(수첩)을 접는다.

6. "여자는 자고로 입을 벌시리 놀리모 안되고, 들은거라꼬 말 다해도 안되며, 봤다고 주디 놀리모 절대로 안되는기라! 그런데 이 집 아이는 우찌그리 딱 내마음에 드노~ "

"근데 한 쪽 다리를 많이 전다며?"

" 아이가~ 그래서 내가 다른 처방을 안 내렸나. 니 귀 좀 가까이 대 봐라. 시집 올 때 뒷돈을 좀 많이 가져오라 했다. 논이라도 두어마지기 가지고 오라꼬. 그러모 안 되근나?" 히 히 히….

7. "결혼식만 올렸다는거지 처녀나 마찬가지다. 아니 처녀 아이가? 아이로 낳았나 뭐했노. 맘에 안 들어서 신랑 근처도 안 갔단다. 아니 설령 갔더라 해도 표가 나나? 닳았나? 아무 소리 말고 결정을 내려라. 니는 뭐 별거있나? 마누라 죽고 나서 아이 둘 저거 우짤라쿠노? 아닌 말로 처녀가 누가 와서 살아 주겠노? 이런 배필 잘 없다~! 알긋나?"

8. "사람은 살다가 인덕이 있어야 되는기라~. 우짠 일인지 내가 중신한 배필들은 하나같이 다 잘산다. 참 이상하지…" 장터 안에 손님이 많은 작은 선술집에서 하는 이야기다. 아닌데? 얼마 전에도 한사람 갈라섰는데.

9. " 아이! 내가 그리 신경 써서 맞춰 줬으모 식 올리기 전에 중신 채를 줘야지 왜 결혼식이 끝났는데도 인사가 없노? 진짜 그러면 그놈 잘 사는가 봐라! 내 화 더 내기 전에 알아서 해라!"

10. "아요~ ! 누라 캣노? 그집 아들이 뭐 한다꼬? 나이는 몇 살인데? 몇 째 아들이고? 그 직장이 뭐하는 데고?(지나가는 말을 잽싸게 연필에다 침발라 치부책에 옮겨 쓴다)언제 한번 내가 보면 좋겠다. 온다 쿠모 ~ 내한테 기별해 주라 알았재? 내 막걸리 한 잔 사주께"

11. "아이구야~ 그집 딸아~가 원래 바람이 나서 집나갔는데 객지서 뭘 해가꼬 돈을 그리 벌었다 말이고?"

"응~ 니는 그집 여식아를 잘 알고 있네?"

"그럼! 지 엄마도 바람이나서 다른 남자하고 노닥거리다가 지금은 이상한 남자하고 산다더라. 그런데 복이 어디 들었는지 그 남자가 돈은 많단다."

"그래 봐라 돈만 많으모 최고지 다른게 뭐가 필요하노? 돈이면 안되는게 없는 세상인데, 아무소리 말고 추진해 봐라, 총각은 내가 꼬셔 보께"…

12. "엊저녁에 꿈자리가 이상하던데 저 집에서 내말을 들을끼가 함 나가보자" 가루분 몇 번 토닥이더니 눈썹대로 대충 그리고 립스틱 통째로 비벼 바르고는 반짝이는 가방 손에 들고 날쌔게 나가서는 "아요! 아무개 댁아~ 너거 딸이 머라쿠대? 총각이 맘에 든디더나 인든다쿠더나?" "몰라! 저너무 가순아 갔다 오더이 말이 없네?" "하기사 내말도 내가 못 믿을 때가 있는데 처녀 지는 오죽하겠나? 중신이고 뭐고 때리 치우고 밭고랑이나 매로 갈란다…" 죽상이 되어 호미 들고 종종걸음으로 집을 나선다.

우인대표(友人代表)

포니 택시 한 대에 13명의 성인 남녀가 타다니! 그들은 신랑 신부의 우인 10명과 내 친구, 그리고 운전수와 조수였으며, 내 생애에 전무후무한 일이었다. 우리들의 생사는 운전수에게 달려있다고 믿고 진땀을 흘렸던 시간이 얼마나 되었을까? 한참 만에 도착한 장소는 비좁은 방이었다.

아침 일찍 함 잡이가 서두른다. 결혼식 당일 신랑 과 부모님이 탄 택시 뒤로 우인대표 5명이 촌에서 바닷가 양지바른 큰 동네로 출행했다. 예식이 시작되기 전 신부 측 대반 아저씨와 실랑이가 벌어졌다. 재미로 하는 놀이에 노자 돈을 너무 적게 줘서 되돌려 주면서 더 달라! 못 준다! 를 반복하다가 진짜 돌려 준 봉투마저 안주니 살짝 화가 나던 참에

말씨름과 웃음으로 시간을 메운 뒤, 별 효과가 없자 채 결혼식 구경도 다 못하고 신부측 우인과 함께 길가 어느 선술집에서 주머니에 돈 있는 것만큼 간단히 술과 음료를 먹고 그래도 남자 체면에 그냥 헤어질 수 없다고 옆 다방으로 들게 되었다.

노자 돈 한 푼도 받지 못한 불쌍한 처지에 커피 값도 물론 없어 신랑 오기만을 기다리고 있는 나그네 신세가 되었다. 서운한 마음으로 점심도 안 먹고 뛰쳐나왔는지라 다들 배가 고팠는지 다방에 있는 엽차를 몇 잔씩 마시고 시킨 커피는 아껴먹고 있었다. 해가 중천에서 서산으로 기울 무렵 마침 신랑 신부가 다방으로 모습을 드러냈는데, 신부의 당찬 목소리가 가슴을 썰렁하게 만들었다. "안있십니꺼에~ 여러 총각들! 내가 시집가면 안 볼낍니꺼? 왜 그리 시끄럽게 해가지고 이런 불상사가 납니꺼?" 하며 화를 발칵 내어 그 자리에 있던 남녀 우인들은 멍 한 상태로 어쩔 줄을 모르고 있었다.

그 때 이미 사태를 파악한 나는 대기하던 택시를 일행을 시켜 보내게 하고 저녁에 술이나 한 잔 제대로 하고 헤어지자는 생각으로 군대 친구한테 공중전화를 했더니 마침 반갑게 받아 주며 술대접을 하겠으니 그 자리에 기다리라고 했다. 친구랑 우인 일행은 공짜 술에 기대를 깔고 남자는 술에게 여자는 수다에게 몸과 마음을 맡겼고 밤이 늦어지자 온 술집은 노래판으로 돌아가는 중, 도저히 집으로 돌아갈 수 없는 힘든 처지가 되어버리자 여관으로 숙소를 정하고 택시를 타고 읍내까지 가기로 합의 했다.

그런데 그 때 갑자기 머리를 '꽝' 친 사건이 터진 것이다. 신랑이 입었던 활옷 등 예복이 든 함을 대기 하던 택시 트렁크에 실어놓고 그냥 보내버린 것이었다. 마을에서 공동으로 쓰는 귀중한 예복인데 걱정을 하고 있었지만 당시로서는 연락할 길이 없고 내일 택시회사로 직접 찾아 갈 수밖에 없었다. 그래도 걱정은 태산이었다. 택시 운전수가 나쁜 마음을 먹고 없다고 하면 어쩔까? 하는 생각은 즐거웠던 분위기를 완전히 망쳐놨다. 하지만 어쩔 수 없이 잠은 자야하고 동네 토박이 친구의 배려만 바라고 있는데 아는 사람을 동원한 친구의 멋진 처방은 사람을 더욱 긴장되게 만들었다.

늦은 시간에 우리를 태우러 올 택시는 한 대 뿐이라니 친구의 안타까운 사정을 들은 택시 사장님의 분부로 잠시 후 달려 온 택시에는 기사와 조수가 함께 왔다. 그렇잖아도 비좁을 인원인데 왜 조수까지 왔냐고 다그쳤더니 운전수 왈 "빵꼬나면 타이야 갈아가면서 가야 되지 않소?" 하였다. 그때는 도로가 비포장도로가 많았기에 그런 어처구니없는 일이 벌어지고 만 것이었다. 남녀 우인 10명과 친구를 한 차에 태운 택시! 물론 운임은 곱이었다. 남자들은 자리에 앉았고, 여자들 5명은 빈 공간을 억지로 메웠는데 정말 엄청난 모험이었다. 차창 열린 바깥으로 팔다리가 약간씩 나가 있고 어떤 아가씨는 차 천정을 보고 울고, 또 다른 아가씨는 총각 머리가 엉덩이는 물론 배를 눌러 웃는 중이며, 다른 아가씨는 등과 엉덩이가 택시천정을 향하고 있었으니 그 아래 어떤 총각이 앉았는지 지금은 기억이 나지 않지만 얼마나 불편하고 힘들었을꼬? 또한 운전수는 핸들 돌리기가 어려워 한 손으로만 운전하는 정말 위험한 시간을 지나 목적지 숙소에 도착했다.

한 방에 든 남녀는 잠을 이룰 수 없을 뿐 아니라 자리조차 잡고 누울 수 없었기에 짧은 밤을 앉아서 졸다가 새운 셈이었지만 그래도 그 때의 기분은 남녀를 불문하고 긴장되고 가슴 뛰고 흥분된 시간이었다는 뒷담화가 지금 와서 생각하면 특별하고 심각했던 추억이 되었다. 우인 갔다가 여자 우인 누군가가 본인이 두르고 있던 국방색 털실 목도리를 선물 받아 두르지도 못하고 휙 휙 돌리며, 서리가 내린 이튿날아침에 들어오는 아들 녀석과 남편을 본 아내의 마음은 아직도 모른다.

나는 그 당시(육군 상병)엄마가 편찮으셔서 집안일을 원활하게 할 수 없는 어려운 환경이라 아버지의 절대적인 권유로 결혼을 일찍 했기에 무려 32번이나 우인대표로 결혼식에 참여 했다. 심지어는 한 참 나이 많은 집안 형님의 혼례에도 첫 아들 낳았다는 이유만으로 함을 졌으며, 구식결혼식에는 지금의 주례사와 비슷한 축사까지 있었는데 그 축사도 맡게 되었다. 창호지에 밤새 세로로 줄을 세워 써 내려가는 내용을 보면 재미있는 말도 있었지만 웃지 못 할 용어들도 있었다.

“오늘 이 화창한 날씨에 신랑 ○○군과 신부 ○○양의 결혼식을 올리게 되어 진심으로 축하를 드리는 바입니다. 신랑 ○○는 성실과 근면으로… -중략-, 신부 ○○양은 어렵더라도 첫 날 밤에 머슴아 잉태하고~, 한 탯줄에 머슴아 서넛 ~ 신랑 ○○는 술 안 먹고~, 담배 안 피우고~, 등 따시고 배부르고~, 부지런하고 효자며” 얼마나 우스꽝스러운 축사인지? 그래도 그걸 축사라고 참석한 동네 사람들은 정말 큰 박수를 치며 "참 누구 집 머슴안고 똑똑하이 낳아 놨네, 얼굴도 참 야릿야릿 하이 잘생겼다" 하며 치켜세워 줬으니 괜히 어깨가 으쓱해지기도 했다. 색종이를 잘라 고리 테잎을 길게 연결하여 솔가지와 대나무 가지위에 늘어뜨리고 방금 읽었던 축사 두루마리를 풀어 높은 상 아래로 늘어뜨린 채, 쌀 그릇 위에 곱게 꽂힌 촛불을 향하여 양손비비며 딸이 잘 살아 달라고 축원했던 어머님의 애절한 마음, 영문도 모르고 잡혀와 다리가 새끼줄에 묶인 채 눈알만 매롱 매롱 굴리고 앉았던 암탉과 수탉, 그 장면 장면들은 아름답고 잊어버릴 수 없는 우리의 전통혼례 미풍양속이 아닌가 한다.

시집살이

총각 얼굴 보고 왔나 어딘지도 알고 왔나
저러케나 못난 얼굴 누가 같이 살겠는가
앞 뒤 산에 간지대걸어 시어 미옷 널기 좋네
애고 애고 이 시집을 무서바서 우찌 살꼬

꼬끄랑한 양 눈 가엔 심술상이 쫄쫄하고
푸르쭉쭉 삐진 입술 섬뜩해서 말 못하고
부뚜막에 앉아 먹는 아침밥에 목 메이고
점심반찬 걱정 되어 된장 간장 꿀맛이네

술 안 먹고 맘씨 좋고 일 잘 한다 왔더니만
동지섣달 긴긴 밤에 술도가지 빠져있고
말끝마다 욕설이고 밥상 날기 일쑤이고
장닭 꼬리 흔들린다 꼼짝 않고 들앉았네
물동이에 목 삐이고 빨래방마이 비호일세
내리치고 또 때려도 콧물 땟물 한강이고

썩은새불 장떡 꿋고 눈물바가지 박바가지
해야 해야 빨리 지고 달아달아 어서 떠라

업고 걸린 요자석아 니애비는 닮지 마라
너거 애비 닮는다면 두눈뜨고 안볼끼며
너거 할미 조탄다고 오지랖에 앉지마라
너거 에미 숭보노니 이내 시집 언제 살꼬.

송판위의 걸작

칼도 톱도 모르는 어설픈 조각가
새벽바람에 휘파람 날린다.

멋진 조각가로 변신한 오늘
한산한 작업장엔
송판 가로진 채
대칼
삽
괭이 꿰어 차고 나타난 늙은 아이
만고의 웃음 눈물 섞어 머금고
마디마디 엮은 뼈
뼘으로 재어 본다
허리 위에 네 뼘
아래에 네 뼘
얼굴 없는 어미의 주검
아비의 주검에

열 지워 맞춘 작품
찢어진 가슴에
한 묻혀 바르는 창호지
혹한에 춤춘다

나는 행복한 아부지라네

내 아버지는 어린 시절 가녀린 꿈을 도랑가의 자갈 속에 묻었고 젊은 어머니의 부드러운 입김은 내 마음의 어린 싹을 당신의 최고 걸작으로 만들어 이렇게 빈 마음을 가질 수 있는 아름답고 성숙한 인간이 되었네요

말없는 아내의 사랑이 겨울 찬 서리 녹여 제 자리를 지킬 수 있었고 철부지 아들의 큰 그림에 찢겨진 내 감성이 아름다운 마음의 언덕 되어 생각이 다른 가족의 행동에 아련히 사라진 이성까지 찾게 되어 자식의 마음을 헤아릴 줄 아는 여유로운 아부지가 되었네

그리하여 오늘 이렇게 행복한 아버지 되어 가족들의 추억어린 얼굴 얼굴들을 말없이 더듬어 그리고 있네

4

네 길이 내 길이고 우리 길인데

촛불과 촛불사이

무거운 어둠 뚫고 날아 든 소망
거침없이 몸부림 칠 때
어머니의 외침은 달과 별빛 지나는
출산의 거센 바람 되었고

벅찬 기쁨 속에 춤추었던
광란의 몸짓은
세찬 파도의 치맛바람에 녹초 되어
마지막 한 방울 검은 석유로
땀났던 시추선을 소리 없이 떠났네

남과 죽음의 불 빛 사이
스며드는 후회와 가르침은
역사의 촛농 짙게 머금고
조각조각 얼음 되어 떠내려가는구나
내 길이 네 길이고 우리 길인데

무거운 탄생

축하합니다! 정말 축하합니다! 이 말은 지금의 자녀출생에 대한 인사이다. 그러나 과거 1960년대 이전에는 달랐다. “아이구야 뭐 낳았냐? 아들요”. 하면 “그래 참 잘했다. 다행이다. 고맙다” 라고 표현을 했지만, 만약 딸을 낳았다면 “아이구 ~ 어떡하냐? 또 하나 더 낳아야 되겠네” 하고 말끝을 흐렸다. 첫 번째야 큰 어려움 없이 넘어가겠지만 둘 째, 셋째가 넘어가면 긴장과 초조가 엄습하고 넷째를 넘긴다면 집안이 시끄러워지고, 고부지간의 온정어린 대화란 이어지기 어렵다. 아무리 집안일을 잘하고 부모 봉양 잘 한들 소용없게 된다. 아들 못 낳았다고 쫓겨나지 않으면 다행인 것이다.

지금이야 다들 귀한 자손이라 임신과 출산을 계획하고 양질의 양육은 물론 성장 이후 결혼까지 신중을 기하게 되지만, 과거에야 언제 생겼는

지도 모르게 아이가 생겼고, 집안일 하다가도, 밭에서 밭일 하다가 또는 기차 안에서까지도 출산을 했을 뿐 아니라, 그 아이가 제대로 걸음도 걷기 전에 또 생겼으니 양육하는데 얼마나 힘들었겠는가? 사내아이를 출산해야 가통이 이어진다는 관념 때문에 다산할 수밖에 없었다. 때로는 가정형편이 심하게 어려운 가정에서는 다른 집에 입양을 시키기도 하고, 아주 가끔은 밥 먹는 입을 줄이기 위하여 인간으로서는 상상할 수 없는 일들도 있었다고 하니 글쎄 당시 피눈물 속의 생명 존엄은 어떻게 해석해야 할지 생각하기도 싫다.

내가 어릴 때만 해도 학교에 갔다 집에 들어오면 동생이 하나 나타나 있고 또 어떨 때는 "니 어미 동생 낳고 있으니 방에 들어오지 마라"는 집안 할머니의 말씀에 집 주위를 맴돌던 때가 자주 있었으며, 내 동생만도 여덟 명이나 되었다. 당시는 나름 복잡한 집에서 어렵게 성장했다지만 지금은 모두가 하나같이 잘 살고 있다. 재미있는 것은 우리 엄마가 보육교사도 유치원 선생님도 아니었을 뿐 아니라 가정형편상 초등교육도 겨우 받으셨는데, 큰 무리 없이 그렇게 잘 키우셨는지 현대의 상식으로는 알 수가 없다. 하지만 분명한 것은 과거의 어머니 아버지들의 자식을 위한 헌신적 사랑과 자립정신 배양 및 인성교육만은 현대의 부모들이 본 받아야할 만큼 철저했다.

당시 많은 여형제들은 공장이나 남의 집 식모살이로 더러는 천대받고 살았으나 오히려 근대에 와서는 대접받고 살았으며, 아들을 기대했던 딸들의 아름다운 이름들 "막달이, 끝달이, 그만이, 또그만이, 꼭지, 말자, 끝순이… 수명장수 하라고 지은 이름들 바구(바위), 똥개, 차돌이, 몽돌이, 선남이, 득남이… 지금 그 분들은 자신들의 소임을 다 하여 남동생 낳게 하고, 수명장수 하셨을 거라 믿고 싶다. 그토록 무겁게 태어난 선조들의 피나는 헌신과 노력이 없었다면 세계 10위권의 경제국가로 성장한 오늘의 대한민국이 탄생될 수 없었을 것이며, 노인들이 살기 좋은 나라 대한민국이 될 수 있었을까? 하는 마음이 크다. 대한민국 파이팅이다.

그대여!

봄이라 생각하지 마라
따뜻한 날이라 믿으면
생각나는 일 많아지고
춥다고 느껴지면 하고 싶은 일 없어지니
그저 견딜 만 하다고만 믿자

과거가 있고 추억이 솟거든 곱씹어 봐라
거기 늘어진 산자락
쉼 없이 흐르는 가는 물줄기
못 먹은 꽃송이 향기 없이 피어 있고
어미 찾는 굴뚝새 허기져 울며
찢어진 강바닥에 헐떡이는 송사리의 아우성

새벽 동트는 산마루
어제 뜬 빛바랜 달 조각
햇살 부끄러워 가린 얼굴 위로

기러기 스쳐 나르네

가자!
늘 함께 하고 싶었고
영원히 숨기고 싶었던 그대였지만
이제 모든 것 떨치고 항공료 듬뿍 주고 떠나자
가는 그 곳이 몇 광년이 되었든
두 손 꼭 잡고 뺨 비비며 가자
그토록 부르고 싶었던 통한의 그 이름!
마음껏 부르며 가 보자

해질녘

해가 집니다
크고 작은 해
밉고 고운 해
진절머리 치도록 지지 않던 해
언제 내 곁을 떠난 지도 모를
너무도 빨리 지는 해
누구의 부름도 없건만
해는 소리 없이 져 가고 있습니다

내가 보고
님이 보고
그대가 부르던 그 해가
이젠 소리 없이 사라져 갑니다

온갖 모진 바람에 휩쓸려
구정물 파도 날 세우던 그 해가

이제 묻혀 갑니다

부디 새해에는 님이 부른 희망의 해가
내가 부른 사랑의 해가
우리가 부른 평화와 행복의 해가
솟아오르길 소원 합니다

정말 새롭고 웅장한 해가
큰 가슴 뛰게 하는 그 해가
이른 새벽
동녘 하늘에서
고함치며 솟기를 축원 합니다

여식(女息)

자는 잠에 내린 생명 무명베에 싸였구나!
어쩌다가 이내 집에 허락 없이 들었느냐?

눈도 코도 뜨지 말고 먹는 것도 줄여먹어
배고파도 울지 말고 할미 눈에 나지마라

어미 마음 알았거든 한 탯줄에 아들 둘만
어디 가서 불러 오든 네가 꼬여 데려 오렴

아가 아가 우리 아가 두루 뭉실 잘도 커서
쌀도 돈도 없는 애비 부자 되게 도우 거라

젖줄

한 밤의 가냘픈 소리도
새벽의 이슬 맺는 음률도 아닌
갈라진 논바닥
거미줄에 맺힌 은구슬처럼
떨어질 듯 줄 따라 흐르는 방울방울
혓바닥 갈라질 듯
빨아도 돋지 않는 뽀얀 진주
기억 없는 젖통
환삽 넘은 꼬마는
아직도 만지작거린다

출산 · 2

못난 엄마 닮았구나
못된 애비 닮았구나
빌고 믿은 태교가 메아리 되었을까
누구한테 물을꼬 한 숨 짓는 저 에미

계획된 출산은 생각도 못했는데
고운 점만 닮아 주는 운 좋은 느낌에
착각의 미소 띠는 철부지 애비

온 빛깔 다 섞으면 검은 색 되듯
못났다고 천대 말고 잘났다고 기대말고
한숨과 미소 섞어 눈물만 막아주렴

찢겨버린 사랑

추운 겨울 섣달 초아흐렛날 집 안방은 생명탄생이 예정된 방으로 장작불이 피워졌고, 따뜻한 물이 데워지며 출산을 돕기 위한 작은 집 할머니가 오셨으며 일찍부터 출산 예정 달에 오셔서 딸의 뒷바라지를 도운 외할머니도 계셨난나. 세 살짜리 내가 기억하고 있는 시간은 저녁시간인 것 밖에 기억이 없지만 이미 그 때는 하혈을 하셨고 산 너머 의사선생님이 있었음에도 불구하고 '외갓남자에게 자신의 몸을 보이면 안된다'는 한 마디로 치료를 거부한 그 날! 결국 천륜의 인연인 모자와의 사랑은 차갑게 찢겨버렸다.

어느 중학교에서 전국 웅변대회가 열렸다. 초등학교 저학년부터 두 형님의 가르침으로 웅변대회에 출전한 경험 많은 6학년 학생에게 귀 세울 정보가 날아들었다. 타이틀은 우승자에게 '중학교 3년간 학비 면제'가 걸린 대회였다. 담임선생님을 통해 들은 교장선생님 왈 "너 이번에 한 번 출전해서 또 1등 해 봐!" 하시며 진주시내 모 중학교 대회 장소까지 담임선생님과 택시를 태워 보내 주셨다.

오전 10시부터 열릴 대회인데 시간이 넘도록 참여할 학생들이 나타나지를 않았다. 교실 안에서 대회를 지켜보기 위해 모인 청중 학생들은 기다림이 지루해 자기 교실로 모두 들어가 버렸다. 한 시간 이상을 기다린 주체 학교 측 담당선생님께서 차가운 얼굴로 우승트로피 하나를 들고 나와 책상위에 얹더니 지금부터 웅변을 시작해 보라고 했다. 청중은 그 선생님과 중학교 교장선생님 그리고 나를 데리고 가신 담임선생님 단 세분이었다. 5분간의 웅변이 끝나자 곧이어 상장과 트로피를 나에게 전달하며 장학증서도 함께 수여 하였다. 나는 밖에 나와 받은 트로피를 운동장에 힘껏 집어 던져버리고 퍼져 앉아 대성통곡을 하며 넋 나간 놈처럼 이상한 말을 계속해 대며 돌아 가자시는 선생님의 말씀도 듣지 않고 혼자 운동장을 뛰어 가로질러 무슨 차를 어떻게 탔는지도 모르고 문산 까지 나와 금곡 집으로 걸어서 왔다. 내가 당당히 1등 했다는 소식을 교장선생님께 전하려고 날개 떨어진 우승트로피를 안고 담임선생님은 잃어버린 나를 찾아 헤매다 택시 편으로 앞질러 학교로 오셨던 것이었다.

부끄러운 1등 상!

얼마간 어린 가슴에 맺힌 당시의 그림들은 나를 울리고 웃기기까지도 했었다. 추잡하고 더러운 우승의 값어치로 그 학교에 입학하기가 부끄러워 고민하던 중, 작은 방에 큰 형수님이 함께 살았는데 젊은 엄마한테 한 아슬아슬한 이야기 내용은 "엄마~! 도련님 키가 너무 작고 약해서 진주까지 통학하기 어려워요. 가방 끈도 두 손으로 들어야 땅바닥에서 들릴 정도인데 어떻게 무거운 가방을 들고 매일 학교로 가요." 하는 진심어린 이야기가 마치 학교를 못 가게 훼방을 놓는 듯 한 소리로 들려 내가 얼마나 울었는지 모른다. 당시 엄마는 수업료 안내고 중학교를 다닐 수 있는 기회를 자신보다 한 살밖에 적지 않은 큰며느리가 당부하니 어쩔 수 없이 허락하고 말았다. 저학년 때 구구셈을 가르쳐 주셨고 빨래도 하고 양말도 기워 주셨던 큰형수! 내가 정말 사랑했고 걱정해 주셨던 큰형수와의 사랑은 이별의 플래트홈에서 찢겨진 이후, 새로운 두 중학교를 거쳐 졸업하고 만 처지가 되고 말았다. 그 때 그 우승트로피는 날개 떨어진 그 모습 그대로 우리 집 진열장을 지키면서 나를 지금껏 웃기고 있다.

이별

갈사람
가는 사람
들어도 보내야 할 사람
붙잡아도 떠나는 사람
모두가 같은 이별인데

무척이도 시원한 이별
피가 어는 듯 차가운 이별
눈물겨운 석별이 있기에
이를 아픔 없이 감당할 사람이
그대입니까?

드는 날이 맑아도
흐르는 눈물을 말릴 길 없고
나는 날에 비가와도
이슬 맺지 않으니

이것도 진정 그대의 조화입니까?

떠나는 이에게 축복을 안기고
쫓겨나는 이에게 행운을 부치며
질주하는 바람결에
짙은 화장 고쳐 가며
모진 세월을 쫓는 이도 당신입니까?

쏟아지는 햇살에 아지랑이 솟는 날
눈 비 섞바뀌어 내리는 날
바람 부는 언덕에
꽃이 지는 어느 날
소리 없이 그대도 떠날 사람인데…

있어야 할 사람

봐야 할 사람
거리가 멀어 나타나기가 쉽지는 않지만
반드시 보고 싶은 사람이다

만나야 할 사람
준비한 것이 없어 만날 수는 없지만
꼭 만나고 싶은 사람이다

붙잡아야 할 사람
많지 않아 찾기는 어렵지만
분명 붙잡고 싶은 사람이다

이들은 사라지거나
떠나서는 안 될 사람일 뿐 아니라
부름 받고 존경 받아야 할 사람이기에

나는 이들을 '있어야 할 사람'이라 하며
그분들을 만나려
빈 하늘에 눈 귀 달고
지금껏 숨을 잇고 기다리는가 보다

-마산문학 35집 원고-

사랑

깊게 내린 뿌리는
뽑을 수 없기에
내리지 말자
결국은 잘리고 마는 걸

믿음만은
현실을 붙잡기 어렵기에
고집하지 말자
결국은 허(虛)를 부르고 말기에.

꿈같이 달콤한 사랑
흐르는 물위의 낙엽과 같고
무더운 여름
푸른 하늘의 뭉게구름과 같은 것

사랑은

이름을 새기고

마음을 안으며

향기를 품고

뜻을 기리는 것이거든.

먼 오늘

지금을 맞으려 지켜온 님아
새벽이 불러 눈을 떴고
해가 불러 일하지 않았는가
함께 하는 이
깊은 뜻 알 길 없어
오늘도 홀로 앉아 멍 때리고 있네

이 시간 좋으려고
하염없이 달렸건만
눈뜨기 무섭고 해지는 것 두려워
같이 할 그 이
끝없이 찾아봐도
누구도 아는 이 없어 눈만 감고 있구나

풋감 담기

봄이면 연초록으로 잎을 가지 사이에 곱게 끼운 채, 온 나무가 하얗게 피어있는 꽃 주위로 달콤한 향에 취해 맴도는 벌 떼들을 보면 더 빨리 날아서 꽃이 많이 떨어지기를 바라는 아이의 눈은 이른 아침 감나무 잎 사이에 걸려있다. 떨어진 꽃들을 주워 지푸라기에 끼고 목걸이와 팔지를 만들기도 하고, 배고픔을 견디지 못한 놈은 꽃 속에 든 개미와 흙을 입으로 후후 불어 씹어 먹기도 하던 그 꽃! 얼마 안가 초복, 중복, 말복을 넘기게 되면 자두만한 감으로 변하여 떨어진다. 주로 새벽에 많이 떨어졌는데 초가지붕에 떨어지는 놈은 느낄 수 없지만 어쩌다 양철지붕에 떨어지면 잠자던 닭이 깜짝 놀라 온 닭장이 난장판이 되는가 하면 감이 마당에 떨어지면 마루 밑에 자던 개가 놀라 달아나는 모습도 볼 수 있는 너무도 우스꽝스럽고 자연스러운 환경에 재미있는 하루를 열수 있어 좋다. 작은 도가니에 주워 온 풋감을 주섬주섬 씻어 담아 약간의 물을 채운 뒤 소금을 살짝 뿌리고는 감나무 잎을 덮고 돌을 눌러 재워 놓는다. 3~4주가 지나고 나면 제법 맛이 들어 하교 길을 재촉하고 더러는 형제끼리 동네 또래끼리의 싸움을 만들어 내기도하던 풋감이었다.

그런데, 어느 날 엄마가 날 불렀다. 삼베 등지게를 입고 있는 나에게 집 뒤에 있는 떫은 감나무에 올라가 풋감 몇 개만 따오라는 분부시었다. 영문도 모르는 나는 시킨대로 달밤에 감나무로 올랐고 5~6개를 딴 감을 오지랖에 싸서 내려오다가 배도 긁히고 다리도 긁히는 경우가 있었는데 정말 이상하게도 엄마는 그 떫은 풋감을 이불을 둘러쓰고 아버지 몰래 숨어서 드셨다. 뒤에 안 일이지만 그것이 울엄마의 입덧이었다.

감꽃

이슬 깨기 기다리다 꿀을 차는 일벌들아
누구 목에 걸어주려 그리 많은 꽃을 따냐
우리엄마 배부를 때 때 맞추어 따려무나.

목에 걸면 목걸이요 팔에 걸면 팔찌인데
내 목에 걸어 볼까 동생 목에 걸어 줄까
여기 저기 다 걸어도 엄마 목만 못 하구나

떨어지는 꽃봉오리 쌀밥만큼 달콤하고
밟히는 꽃봉오리 가슴까지 아파오네
금년에 많이 피니 내년이 걱정 된다.

착각이 만든 행복

참 못 생겼다
그러나
넉넉한 느낌이다.

비록 남의 살이지만 코는 복스러워 보이고
눈썹도 익살맞다.

이것이 인생살인지 모른다
모든 것이 자기 것이라 생각하지만
사실은 한 가지도 자기가 만든 것은 없으니까
그래서 우리는 착각 속에 살고 있는가 보다
오늘도
내일도
그리고 다음 세상까지도…

스쳐가네

가는 해와 함께 또 지나간다.
희망으로 들었다가 거침없이 스쳐간다
조만간이었지만
얇은 가슴이라 뜨거운가 보다
별스런 이름으로 머리를 모아 본다
가끔 보자고

한 일은 적지만 할 일은 많다
시기와 질투가 일일이 추억되고
말말이 웃음 되는 그런 만남이었기에
오늘도 간간한 식당에 모여
혓 끝에 소금 간을 한다

언니야
아우야
친구야

"사장님 나빠요~!"

스쳐가는 날
찌그러진 교수님을 뼈 없이 놀린다
그래! 너 맘대로 살아라

지구야 고맙다

진정 네가 좋아 하는 건
따뜻한 햇살과 바람 그리고 비
살아있는 생명들의 아름다운 이야기
자연과 닮은 생활일거라고 아는데

인간의 야비한 독선에
갖가지 공해는 물론
피비린내 나는 전쟁까지 마다하지 않으니
어찌 네가 분노하지 않겠으며
얼마나 싫었으면 홍수와 한발
지진과 화산으로 온 몸을 떨겠나

지구야!
저 욕심쟁이 인간의 더 큰 실수가 있기 전에
미리 좀 귀띔 해 줘
오늘도 너의 몸 곳곳에서

숨통을 막으며 상처투성이로 헤집고 있는
인간의 경거망동을 이해 해 주는 네가 아쉽지만
참 고맙다

야들아! 다투지 마라
정말 싸워야할 적은 땅따먹기가 아니라
공해와의 싸움이다
이제 네 죽을 짓 그만들 하고
네가 낳은 후손의 삶을 점쳐 보지 않을래?

화롯불

어린 시절의 설은 참 길었다. 초하루부터 보름까지가 설로 취급되었기 때문이다. 그 기간에는 어른들에게 세배를 하고 세뱃돈을 받을 수 있었기 때문에 친가 외가를 두루 빠짐없이 인사드릴 기회가 되었다. 옛날에는 할아버지 형제분이 한동네 앞뒷집으로 집을 짓고 산 집안이 많았다. 큰집부터 작은 집까지 차례를 지내고 나면 오후 두세 시가 되어야 끝이 나는데 가는 집 마다 안방이나 사랑방에는 화로가 있었으며 늘 화로에는 불이 꺼질 시간이 없다. 당시의 며느리는 아궁이에 불을 꺼뜨리면 양반집 며느리가 아니라는 미움을 받았기 때문에 화로는 주로 불씨를 보존하거나 난방을 위하여 사용되는 겨울철 필수품이었다. 또한 화롯불에는 밤, 고구마, 감자가 간식의 주 메뉴로 등장했고 그 주위에는 할머니나 어머니의 구수한 옛날이야기가 함께하여 손자녀의 사랑과 가정교육이 자연스럽게 이루어 졌던 곳이었다.

외갓집에 가면 네 다리가 예쁘게 구부러진 놋쇠 화로가 있었다. 외할머니는 담배를 좋아하셔서 긴 담뱃대를 화롯가에 얹어 놓고 피우셨는데, 옛날이야기가 시작되면 최소한 심청전, 숙영낭자전은 들어야 잠을 잘 수 있었다. 할머니 냄새가 담배냄새로 바뀌어있지만 "야 야~ 겨울 화롯불은 에미보다 낫다는 속담이 있니라 땡겨 앉아라"하시면서 친어미 없는 외손자를 달래는 여유도 보여주신 화롯불 추억의 잔잔한 되새김이었다.

솥 장작에 붙인 불씨 정성스레 쓸어 담아
방 윗 목에 앉혀놓고 담뱃대로 두드린다

겨울마당 쓸고 드는 영감 보며 하는 말이
"손 시린데 불 쬐우소 오늘 날씨 춥습디까?"

지난 가을 주은 알밤 껍질 벗겨 묻어두고
시련으로 엮인 세월 아들 딸 잘한 짓만
여섯 자 깊은 안방 자랑으로 꽉 채운다.

첫돌 아이야!

어미 아비를 업고 난 터라
양가 친족들의 기쁨을 한 몸에 머금고
한 해를 메워 온 오늘이다

할아비가 너를 보면
세월의 아쉬움에
서글퍼질 수도 있지만
혈손이 무엇인지 그저 좋기만 할 따름이다

앞으로 백년을 더해 살날을 엮을 터
무식한 네 부모는 닮지 마라
네가 제일 하고 싶고
꼭 네가 해야 할 꺼리를 찾아라
그것은 지구 저쪽 땅에 있을 수도 있거든

뒤집고, 기고, 앉고, 일어서는 동작만인데

일 년이 걸렸구나!
듣고 말하고 행동하는데 또 얼마나 걸리며
그를 바르게 옮기는데 몇 년이나 기다려야 할지
그러고 나면 네 어미 아비도 이 할아비처럼 늙어 있겠지

돌잡이 요놈아!
부디 탈 없이 자라다오

진정한 사랑 앞엔 눈을 뜰 수 없었기에…

수상을 축하하기 위한 참여에 가슴 벅찼고
무너져 내린 하늘 주체할 줄 몰라 함께 흘린 눈물

갈 길 잃은 내 심장
사막 한 가운데서 몸부림 칠 때
수많은 위로와 용기의 배 띄워주셨고

되찾은 희망의 소리에 감격과 감동의 박수소리
회한의 한숨과 뜨거운 사랑 깊이 느꼈습니다

하늘과 땅과 가슴에 핀 송이송이
다발 엮어 가슴에 안기고 목에 걸어주신 따뜻한 사랑
금박 테두리의 표창에 업혀 젖힌 머리에 걸터앉았습니다

피에 맺힌 사랑이 기다리다 못해 열 두 송이의 꽃봉오리로 변하고
그 꽃이 언제 다 필지 모른 채 짙은 향기 머금고

새벽이슬 내릴 즈음 순서 없이 피리라 믿습니다

스승의 은혜!
메아리치는 질푸른 사랑의 숨결과 애절한 소원의 편지들
천리 길 머다 않고 큰 정 한데모아 달려오신 뜨거운 열정
현실 되어 나타난 엄청난 결과에 쏟아지는 환호성

진정한 사랑!
간절한 기도 앞에선 눈을 뜰 수 없었기에
하늘만 바라 본채 지그시 눈 감아 봅니다

돌아오는 고향 길의 밤
차창 넘어 쏟아 내는 개구리 울음소리 아직도 그대롭니다
사랑하는 님이 들려주는 그 숨결과 같이...

(2008. 6. 2. 월요일 늦은 밤)

찬바람 부는 날

바깥나들이 싫어지는 날
들논 가운데 비둘기 떼 다투어 나른다
고독한 농로
쌩하니 부는 바람 속으로
바삐 걷는 길
힘찬 심장소리 듣고 싶다

지금껏 걸어 온 그 길
수많은 얼굴과 이야기가 스친다
그토록 그리워하고
애타게 기다리는 따사로운 이야기
곧 떨어질 햇살
차가운 바람에 묻어갈까 두렵다

기도

먹고 입을 꺼리 없어 문밖을 모르고
할 일 찾기 어렵지만 알 길을 몰라
해 가는 줄 모르고 애 태우고 있습니다

할 일은 많지만 건강하지 못하고
한 일 또한 적고 적어 되새길 수 없으며
거들 사람 찾지 못해 용기조차 없습니다

무지한 이 머리로 님 찾을 줄 모르고
무식한 생각으로 모실 줄도 모르니
황혼을 앞에 두고 거정 안고 있는 이 몸

용기 내어 절하노니 살펴 거두어 주옵소서

벗고 가는 길 외롭지 않으니

겨울아침에 보는 들판은 대부분 길 양 쪽으로 뽀얀 털로 덮여있을 때가 많다. 해가 오르기 직전의 모습은 마치 눈이라도 온 것처럼 밝고 차다. 오늘은 날씨가 제법 따뜻할 것 같은 느낌에 걸음 걷는 속도가 경쾌해 진다. 길 옆 논에서 인기척에 놀란 철새 떼가 하늘로 솟구치고 강가 물위로 하얗게 피어오르는 수증기는 햇살을 유혹한다. 한 참을 걷는 동안 지나는 사람이라고는 인근에 살고 있는 팔순이 가까운 어르신 한 분이 자전거로 추운 아침 신작로를 깨운다. "수반아재! 안녕하십니까?" "응~ 운동 하는가 건강하재?" 늘 봐도 한결같은 어르신이다. 평생을 자연과 함께 살아가시기를 고집하고 순응해서 사는 것을 섭리로 아시는 분이라 늘 욕심 없이 노력의 대가만큼 바라고 가지시는 여유에 존경하지 않을 수 없다.

내가 인공수정사로 일할 당시 아저씨는 농우(농사짓는 소)한 마리로 농사를 지으며 십 수 년을 키웠는데, 매일 아침 강가에 내어 매고 저녁에 몰아들이며 철저히 자연과 함께 키우시기에 새끼 가질 때(발정기)가 되면 인공수정 해 달라는 전화를 하시는데 꼭 수건 하나에 세수 비누 하나를 가지고 강둑에 나오셔서 나를 기다렸다. “아재! 바깥에서 수정을 하면 힘든데 왜 마굿간을 두고 고집하십니까?”하면, “야 이 사람아! 아무리 말 몬 하는 짐승이지만 마구간에서 꼬뻬이에 묶여 접을 붙이모 무슨 의미가 있으며, 올매나 썽(스트레스)나긋노? 그래도 넓은 강가에서 마음 놓고 해야 자기도 기분도 좋고 새끼도 좋은 새끼가 태어날까 아이가? 허허 참~!” 하신다. 그래서 수 년 동안 한 번도 집안 마구간에서 인공수정을 해 본 적이 없는 정말 자연과 함께 소를 키우시는 분이었다.

그 분의 올바른 가치관은 화목한 가정과 건강한 사회를 추구하는 시대적 요청에 맞춰 온 후손들의 존경과 사랑을 받으며 내외분이 건강하고 정겹게 오래 오래 사셨으면 하는 바람이었지만 1년 전에 아름다운 마음씨와 본보기를 고이 남기신채 이 세상을 떠나셨단다. 지금 이 아침 그 때를 잊을 수 없어 빈 강둑에서 언 걸음을 멈춘다.

한 집살이

낚였는지 낚았는지 분명찮은 인연이라
엮인 이전 엮인 이후 동전의 양면 일세
스치고 지나칠걸 눈길준 게 탈이었고
일차로 끝낼 것을 이차 간게 문제였네

아이구야 한 집살이 이리 살아 되는걸까

물 좋고 공기 좋아 만수무강 따 논 당상
단 소리에 눈이 멀어 여기까지 왔건마는
사시사철 쉴 날 없어 해만지면 통성이네
이내팔자 고칠 날은 백년 뒤에 오려는가

아이구야 한 집살이 문패 떼어 떠나련다

부잣집이라 소문난 집 일만 많은 빈껍데기
아침부터 저녁까지 신발 벗을 사이 없네

애간장 끓은 해가 스무 해를 넘고 나니
불평 많은 시어머니 후환 두려워 입 다물고
게을렀던 이내 남편 급한 성질 어디갔네

아이구야 와이리 좋노 이제야 살 맛 나네

진주 남강

역사의 한(恨) 안개 되어 오르고
켜켜이 쌓인 소원 결결이 안고 안아
소리 없이 흐르는 찬란한 남강이여!

천년의 역사를 올올이 헤아려
원앙이 헤고 노는 넓고 넓은 바다 되고
벌 나비 날아드는 모란되어 흘러라

청백리 길

이른 아침 내리쬐는 햇빛 한 줄기
힘없이 구불거리니
밤 새 목말라 헤매던 비둘기 떼
실개천 물길
햇살 없는 항로
짙은 안개에 묻혀 비틀거린다

황금 서각(書閣)이 아니면 할 일 못하고
출세 못하는 그런 세상
우리!
인제 백비(白碑) 가득 세워진
청백리 길로
장미꽃 만발한 국립묘지 구경 갈까?

한 살이

혼자도
같이도
어차피 한 쪽의 삶인 것

어미
아비도
핏줄에 매이고
맨 몸마저
작은 마음에 매이는
어리석은 삶인 것을

내일이면 새로운 해 뜰 것이라
해질녘 한 자락 붉은 빛살 잡았지만
뉘가 알랴?
아침 해 막은 구름
한으로 남는구나.

저자가 태어나고 자랐던 집

진정한 사랑 앞엔
눈을 뜰 수 없기에

2017년 08월 20일 초판 인쇄
2017년 08월 25일 초판 발행

지은이 / 하 영갑
발행인 / 강 석 호

발행처 / 도서출판 교음사
편집 / 隨筆文學社 出版部

03147 서울 종로구 삼일대로 457 수운회관 1308호
Tel (02) 737-7081, 739-7879(Fax)
e-mail : gyoeum@daum.net
등록 / 제300-2007-52호

* 잘못된 책은 바꿔 드립니다 값 12,000원

ISBN 978-89-7814-708-8 03810

이 도서의 국립중앙도서관 출판예정도서목록(CIP)은 서지정보유통지원시스템 홈페이지(http://seoji.nl.go.kr)와 국가자료공동목록시스템(http://www.nl.go.kr/kolisnet)에서 이용하실 수 있습니다. (CIP제어번호 : CIP2017019026)

후원

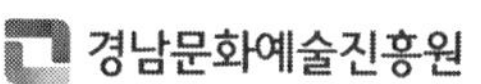

문화체육관광부